AF343489

Sous-Intendant BOLOT

La Grande Muette

PARIS

ERNEST FLAMMARION, ÉDITEUR

RUE RACINE, 26, PRÈS L'ODÉON

LA GRANDE MUETTE

ÉMILE COLIN, IMPRIMERIE DE LAGNY (S.-ET-M.)

La Grande Muette

PARIS

ERNEST FLAMMARION, ÉDITEUR

RUE RACINE, 26, PRÈS L'ODÉON

PRÉFACE

Les journalistes sont des avocats, devant le tribunal de l'opinion publique, et les avocats travaillent au profit de qui les paie.

Toute la différence est que ceux de prétoire traitent directement avec leurs clients, tandis que les journalistes, nécessairement groupés autour du maître de leur instrument de travail, sont obligés d'accepter sa direction, et de lui laisser la conduite de l'entreprise, au mieux des intérêts communs.

Quand un journal, suffisamment répandu, ne perd que cent mille francs par an, il constitue une propriété d'excellent rapport, parce qu'elle procure à son maître une influence facilement monnayable, et qui lui laisse encore de larges bénéfices. Ou conçoit, seulement, que ce genre de négoce ne lui permette pas de laisser ses collaborateurs agir autrement que selon ses vues.

On connaît, il est vrai, des avocats qui se piquent de ne soutenir les causes que si elles leur semblent justes. Ceux-là, le plus souvent, ont fortune faite. Je pourrais même citer un journaliste, vivant modestement d'un talent immense et incontesté. Encore n'a-t-il ni enfants, ni femme à nipper. Je ne pense pas qu'il fasse école. C'est, ici, le cas de dire que l'exception confirme la règle.

Mais la presque totalité des uns et des autres subit la nécessité professionnelle. Et tous, avocats, ou journalistes, sortis du prétoire ou de la salle de rédaction, sont les premiers à faire bon marché des opinions qu'ils soutenaient tout à l'heure, avec tant de conviction ; d'autant plus fiers de leur talent qu'ils ont réussi à faire triompher les causes les plus compromises. C'est au tribunal ou au public, disent-ils, à se rendre compte de la valeur des arguments que nous leur présentons. Tant pis pour eux, s'ils se trompent, ou s'ils se laissent tromper. Nous, nous faisons notre métier, et nous avons besoin de gagner notre vie.

Ces sentiments ne sont pas héroïques, mais ils sont naturels et pratiques, et, à mon sens, légitimes.

Aussi ne faut-il jamais demander aux avocats et aux journaliste les motifs de leurs changements d'opinions et des variations de leurs doctrines.

L'exercice de telles professions conduit nécessairement au scepticisme, et le journaliste est l'homme du monde le moins enclin à l'enthousiasme, et le moins disposé à se mettre en campagne, en faveur de la meilleure cause, s'il n'en aperçoit pas le résultat pratique.

On a vu quelquefois, à l'occasion d'événements politiques graves, ou bien encore, quand

des mesures restrictives de la liberté de la
presse menaçaient leurs intérêts, les journalistes prendre parti, sans concert préalable.

Mais, en dehors de ces cas très exception-
nels, une campagne de presse n'est jamais
spontanée. Il n'y a pas bien longtemps que
l'enquête sur le Panama nous a montré comment se déterminent et se nourrissent les
actions de ce genre.

Plus récemment, nous avons eu l'affaire
Dreyfus.

Peu m'importe que Dreyfus ait, ou non, été
coupable. Les magistrats qui ont été mêlés à
son procès ont seuls pu se faire, à cet égard,
une opinion raisonnée. Mais les polémiques
soulevées par cette affaire ont été si violentes,
et ceux qui en ont connu, soumis à de telles
influences, qu'il est permis de se demander
si leurs propres passions, ou les obsessions
qu'ils ont eu à subir, n'ont pas altéré l'indépendance de leur jugement. De sorte que,
vraisemblablement, la chose ne sera jamais

tirée au clair. Au reste, cette question est, ici, sans intérêt.

Toute l'importance de l'affaire réside dans le rôle de la presse et la détermination des causes qui ont entraîné son action.

Ce qui paraît d'abord surprenant est le peu de consistance des documents, qu'on accusait Dreyfus d'avoir livrés à l'étranger. C'était, d'ailleurs, si peu secret, qu'il aurait suffi de quelque recherche, chez les libraires, pour se procurer des renseignements équivalents. Il est même singulier qu'un attaché militaire se soit trouvé pour payer, probablement assez cher, ce qu'il lui était si facile d'avoir, à peu de frais, sans compromettre personne.

En elle-même, l'affaire était donc misérable, et tenait autant de l'escroquerie, ou de l'abus de confiance, que de l'espionnage. Cependant, Dreyfus était à peine sous les verrous, que déjà il se trouvait en butte aux attaques les plus vives d'une partie de la presse. D'ordinaire, quand un accusé est entre les mains de la justice, on laisse celle-ci faire impartialement son œuvre, et on se garde d'intervenir en faveur de son justiciable, et encore moins, à son détriment. Le cas de Dreyfus tombait, avec évidence, sous le coup de la loi de 1886 sur l'espionnage. L'action de la presse fut si vive, qu'on n'osa s'en tenir aux quelques années de prison que cette loi permettait d'appliquer.

En torturant les textes, on trouva moyen d'y voir un fait de haute trahison, crime politique entraînant la déportation dans une enceinte fortifiée; ce qui fut la peine prononcée.

Comme ce n'était pas encore suffisant, on fit une loi nouvelle pour décider que l'enceinte fortifiée serait représentée par une cabane de douze pieds de long, dans un climat torride, l'armement de cette fortification virtuelle étant figuré par une mitrailleuse constamment braquée sur le prisonnier. Puis, comme cela ne suffisait toujours pas, on le mit à la double boucle. Pour continuer la progression, il ne restait plus qu'à le pendre.

Rien de tout cela ne calmait la presse, qui

redoublait de férocité à chaque nouvelle
aggravation de peine infligée à ce malheureux.

Enfin, quand les organisateurs de la campagne trouvèrent l'opinion publique surexcitée à point, ils démasquèrent leur batterie,
sous forme de proposition de loi, pour mettre
au rang des crimes les délits prévus par la loi
de 1886 sur l'espionnage, et les frapper de la
peine capitale, tout en maintenant le huis-clos,
pour les débats et le jugement. On verra plus
loin quelles auraient été les conséquences
d'une pareille législation, si elle avait été
adoptée.

A ce moment, surgit une nouvelle horde de
journalistes, qui s'étaient tenus cois, jusqu'alors, et auxquels, tout à coup, l'innocence de Dreyfus apparut, aussi éclatante que
sa culpabilité était certaine pour les autres.
Et tous se mirent à remplir les journaux de
leur prose indignée, les uns flétrissant la trahison, et les autres, les méfaits de la justice
militaire et l'immoralité du commandement.

Ce fut un beau tournoi et jamais la vertu

ne fut célébrée à si grand orchestre, même par ceux qui avaient, le moins, la réputation de la pratiquer. Car tous étaient conduits par les sentiments les plus purs et les plus élevés; les uns entraînés par l'ardeur de leur patriotisme, et les autres obéissant à une passion non moins ardente pour le droit et pour la justice.

Finalement, la victoire resta à ceux qu'on appelait les dreyfusards, en ce sens que le projet de loi fut abandonné; et le calme se rétablit.

Quant à Dreyfus, qu'on avait fini par libérer, il supputa, en bon juif, que la prodigieuse réclame faite sur son nom, pendant quatre ans, devait lui valoir un magnifique succès de librairie, et publia un livre, pour raconter ses mésaventures. Le succès fut médiocre. On avait versé, à son sujet, des flots d'encre et des torrents d'éloquence, mais peu de gens trouvaient cinquante sous à tirer de la poche pour s'offrir la prose du scélérat, ou du martyr, au choix des personnes.

Au fond, du *de cujus* ou de son affaire, aucun des auteurs de la campagne ne s'était jamais inquiété. On avait saisi l'occasion pour engager une lutte d'intérêts. Et, comme la grandeur des intérêts se mesure à la puissance des moyens mis en œuvre pour les servir, on doit penser que ceux en jeu étaient d'une gravité extraordinaire, puisqu'ils avaient déterminé la campagne de presse la plus ardente et la plus prolongée qui fût jamais faite.

Quels étaient ces intérêts et à quel mobile ont obéi ceux qui les ont soutenus? C'est toute la question qui mérite d'être étudiée, puisqu'elle fait à elle seule l'importance de l'affaire.

L'intervention des dreyfusards est facile à expliquer :

La loi de 1886, sur l'espionnage, ne vise pas seulement l'espionnage, elle comprend, sous la même rubrique, et frappe des mêmes peines, la divulgation de ce qu'elle appelle les secrets de la défense nationale.

Rien n'est plus élastique qu'une telle formule. Nul ne peut dire où le secret finit et où la publicité commence. Si un fait n'est connu que de la moitié du monde, n'est-il pas encore un secret pour l'autre? Et quel est l'acte politique ou administratif qui n'intéresse, plus ou moins directement, la défense nationale?

Avec cette formule, et en vertu de la loi de 1886, on a vu Turpin condamné comme espion, pour avoir dévoilé la félonie d'un autre.

Qu'on donne la peine de mort comme sanction à des interprétations aussi fantaisistes, sans même la garantie relative de la publicité des débats, et personne n'est assuré de conserver la tête sur ses épaules. On ne peut concevoir un procédé plus radical et plus discret, pour mettre les gens au pouvoir à même de se défaire de leurs ennemis politiques.

Et, comme ce ne sont pas les scrupules qui gênent les politiciens, quand ils se croient menacés dans la jouissance de l'assiette au beurre, on comprend que les non-pourvus aient eu peur de laisser, aux mains de leurs adversaires, une arme aussi dangereuse. Le moyen le plus pratique, pour faire échouer le projet, était de saper l'édifice par la base ; et, puisque le crime de Dreyfus réclamait des mesures draconiennes, d'en contester la réalité. D'où, la découverte de son innocence, et l'ardeur à la démontrer. Le calcul était juste, comme la suite le fit voir.

Il est moins facile de mettre en évidence les intentions des promoteurs de la campagne contre Dreyfus.

Ce n'était pas la première tentative faite dans le même but, et le coup avait déjà été essayé, quelques années auparavant, à propos d'un adjudant, nommé Châtelain.

Ce Châtelain était un simple imbécile, convaincu que les fusils et les munitions mis entre les mains de quatre cent mille hommes renferment les secrets les plus merveilleux. Comme de tels secrets doivent valoir cher, ledit Châtelain se mit à faire collection de cartouches et de pièces d'armes, et quand il jugea s'on stock suffisant, écrivit à Berlin pour proposer sa ferraille, moyennant la forte somme. Avec la candeur de l'innocence, il avait mis l'adresse en clair, le texte aussi, et le tout à la poste. Naturellement, le lendemain, il était arrêté et promptement condamné au maximum. On ne lui fit pourtant point les honneurs de la haute trahison.

Ce fut un concert d'imprécations dans la presse, et l'affaire partit d'emblée, avec le même entrain que plus tard pour Dreyfus.

Les deux départs sont identiques ; on y trouve les mêmes procédés d'indignation progressive, les mêmes journaux, les mêmes exagérations de langage, presque les mêmes phrases. La copie a pu servir deux fois.

Malheureusement, le sujet avait trop peu de surface, sa stupidité était trop évidente ; le public ne mordit pas.

Au contraire, quand on eut Dreyfus, polytechnicien, artilleur, breveté de l'École de guerre, employé au ministère et juif par dessus le marché, on tenait un sujet de choix et, le public s'étant facilement ému, l'affaire fut aussitôt poussée à fond.

Une action aussi développée et aussi persistante, pour réclamer les moyens les plus violents d'empêcher toute révélation ou toute discussion des moindres détails de l'organisation militaire peut s'expliquer par l'ardeur d'un patriotisme qui, même excessif, serait pourtant respectable.

Encore faut-il remarquer que de telles mesures présenteraient le danger de faciliter singulièrement les abus auxquels les administrations sont toujours entraînées, quand elles sont affranchies du contrôle de l'opinion publique.

Mais on peut aussi se demander si les bénéficiaires de ces abus n'auraient pas eu en vue, par une habile exploitation du sentiment national, de se mettre, le cas échéant, à l'abri de toutes les recherches et de toutes les responsabilités.

On se trouve ainsi placé entre deux hypothèses :

b.

Première hypothèse.

Nous possédons des secrets redoutables qui assurent à notre armée la supériorité sur toutes les autres. Il n'y a rien que de parfait dans notre organisation militaire, dont les moindres détails ont été réglés avec un art consommé.

Disposant d'un aussi merveilleux instrument, il nous serait facile, si nous le voulions, de reprendre nos provinces perdues, et beaucoup d'autres avec. Seulement, nous ne voulons pas, parce que nous sommes des gens paisibles et modérés. Mais, malheur à celui qui oserait nous attaquer, son imprudence lui serait bientôt fatale.

Aussi devons-nous veiller, avec un soin extrême, à ce que rien ne transpire des conceptions géniales qui font notre puissance. Si nos rivaux, qui nous épient et nous jalousent, parvenaient à découvrir la formule de nos engins et le secret de nos procédés, ils se hâteraient de nous imiter et notre supériorité disparaîtrait.

Toute indiscrétion est donc criminelle; l'indiscret ne peut être qu'un traître, un scélérat et un vendu; la mort la plus ignominieuse serait encore une peine trop douce pour lui.

Deuxième hypothèse.

Notre organisation militaire ne repose sur aucun plan d'ensemble, et elle est constamment bouleversée par des politiciens, aussi dépourvus des connaissances nécessaires que peu soucieux de les acquérir, exclusivement préoccupés de leurs intérêts et de ceux de leur clientèle. Il n'y a point de direction suivie qui s'oppose à l'action dissolvante des intrigues et des rivalités des groupes et des sous-groupes de toutes catégories. Le gaspillage est la conséquence inévitable de l'impunité, qui semble érigée en principe. Des secrets militaires, il n'y en a pas, et il ne peut pas y en avoir, parce qu'on ne dissimule pas ce qui est préparé,

pour armer, équiper, et mettre en mouvement
deux millions d'hommes. Le véritable secret
c'est celui de notre impéritie et de nos désordres. C'est celui-là qu'il faut défendre, et à
tout prix, et nous ne reculerons devant aucun
moyen pour le sauvegarder. Car si la vérité
était connue, il faudrait dire adieu à nos prébendes et nous ne pourrions plus vous servir,
messieurs les journalistes, les mensualités
indispensables à l'existence de vos feuilles.
Aussi, en sommes-nous sûrs, vous soutiendrez
avec nous que toute indiscrétion est criminelle,
que l'indiscret ne peut être qu'un traître, un
scélérat et un vendu, et que la mort la plus
ignominieuse serait encore une peine trop douce
pour lui.

Comme on voit, en partant des principes
opposés, on arrive aux conclusions identiques.

La première hypothèse ne peut pas être vérifiée, parce qu'il faudrait scruter les consciences, ce qui n'est au pouvoir de personne.

Tout au plus, pourrait-on observer que les outranciers de patriotisme, si féroces quand il s'agissait de Dreyfus, sont restés froids devant la mort des sept mille malheureux de Madagascar, victimes de la plus étonnante impéritie. Mais, c'est là une présomption et non une preuve : le patriotisme est comme une religion, où les dévots ne fêtent que les saints à la mode.

L'examen de la deuxième hypothèse présente des difficultés d'un autre ordre :

On ne peut se faire une idée exacte de la valeur d'une organisation militaire, sans étudier successivement les éléments qui la composent, en déterminant, pour chacun, les conditions que fixe son rôle dans l'ensemble, et en recherchant les influences morales et politiques qui ont pu détourner les organisateurs du but à atteindre.

Aucun problème n'est d'un intérêt plus grand et plus général.

Si, de la solution, résulte que nous avons

profité d'une expérience cruellement acquise
et que nous avons su restaurer notre puissance militaire, comme les Prussiens ont su
restaurer la leur, après Iéna, il faut se féliciter
du réveil de l'esprit national, parce que, alors,
tous les espoirs sont permis.

Que si, au contraire, nous n'avons abouti
qu'à un trompe-l'œil de façade, avec la désorganisation derrière, la politique aura fait son
œuvre, et la catastrophe n'est pas loin.

C'est là ce que je me suis proposé de chercher.

Qui êtes-vous, me dira-t-on, pour entreprendre une œuvre de pareille envergure?

Je suis un vieux soldat retraité. J'ai fait,
dans les troupes combattantes, la guerre au
Mexique et autour de Metz. J'ai servi depuis
dans l'administration et l'ai vue à l'œuvre, à
l'intérieur et dans les expéditions d'Afrique.
Cela m'a fait connaître bien des dessous et
j'ai vu qu'ils n'étaient pas toujours propres.
Je me suis même permis de le dire, ce qui
n'a pas été favorable à mon avancement.

J'ai ainsi occupé des situations qui m'ont permis d'apprécier les hommes et les choses de l'armée, et de suivre de près la marche des événements.

Suis-je doué de l'esprit d'observation et de la rectitude de jugement nécessaires pour tirer la saine conclusion de ce que j'ai vu et connu ?

Ici, je dirai comme l'avocat : c'est à mon lecteur à s'en rendre compte.

Mai 1902.

LA GRANDE MUETTE

CHAPITRE I

TACTIQUE RÉTROSPECTIVE

Les historiens de la guerre de 1870 ont fait fausse route, en cherchant, dans la plus habile conduite des opérations, l'explication des succès remportés par les Allemands.

Deux armées de force et de valeur équivalentes étant aux prises, le talent des chefs n'a l'influence principale sur le résultat, qu'à égalité d'armement.

Quand on peut détruire son ennemi à distance, sans essuyer sa riposte, l'issue du combat n'est pas longtemps douteuse.

Cortez n'a dû qu'à ses mousquets d'avoir conquis le Mexique avec un millier d'hommes, et tous les jours, les guerres coloniales nous montrent des exploits analogues.

La guerre de 1859 a été conduite aussi mal que possible, ce qui n'a pas empêché les canons rayés d'assurer la victoire.

A Sadowa, le fusil à aiguille des Prussiens triplait l'intensité de leur feu, et leurs soldats, en se couchant, s'exposaient trois fois moins. L'avantage qu'ils pouvaient tirer de la supériorité, vraie ou prétendue, de leurs manœuvres était peu de chose, à côté de celui-là.

En 1870, le cas n'était pas aussi simple : les Allemands possédaient une artillerie, tirant plus vite et plus juste, avec une portée dépassant celle de la nôtre de mille mètres, au moins.

En revanche, nous avions la supériorité du fusil, et cette supériorité était énorme : douze cents mètres de portée contre six cents.

En définitive, l'avantage aurait dû être pour nous, parce que l'infanterie a le rôle principal dans les combats. Mais, c'était à condition d'adopter une tactique appropriée, annihilant la supériorité des canons ennemis et nous faisant profiter de celle de notre mousqueterie.

Que si, appliquant les règles ordinaires, nous

occupions les sommets, il était clair que l'ennemi, utilisant la longue portée de ses pièces, allait commencer par écraser nos positions, impunément et à loisir, de manière à n'avoir plus affaire, ensuite, qu'à des troupes affaiblies par leurs pertes et démoralisées par la ruine de leur artillerie.

Pour y obvier, il aurait fallu tracer les lignes de bataille, non plus suivant l'arête des crêtes, mais parallèlement et à sept ou huit cents mètres en arrière.

De cette façon, l'ennemi, pour attaquer, devait se présenter sur les sommets. Son artillerie n'y pouvait tenir, étant située dans la zône efficace de la mousqueterie. Son infanterie, par suite de la portée insuffisante de ses fusils, se trouvait comme désarmée. Elle ne pouvait s'engager qu'en dévalant à découvert, devant des troupes en position, ce qui la vouait à un anéantissement certain.

Une ligne de défense, ainsi disposée, était donc inexpugnable.

Pour l'offensive, le principe était le même :

On aurait dû s'avancer jusqu'à huit cents mètres de la position à attaquer, s'arrêter là, et ouvrir le feu, jusqu'à ce que l'ennemi se décidât à lâcher pied. La seule précaution à prendre était de choisir les points d'attaque, pour qu'il n'y eût pas de hauteurs en arrière, permettant à l'ennemi de jouer de son canon, par-dessus la tête de ses gens.

Comme on le voit, le sort de la guerre était fixé d'avance, suivant qu'on resterait dans les errements habituels, ce qu'on a fait, ou qu'on adopterait les dispositions indiquées par le bon sens, ce qu'il était facile de faire.

C'est de la théorie, me direz-vous. Attendez :

Le 18 août 1870, l'armée de Bazaine était en bataille sur les hauteurs d'Amanvilliers. La position semblait formidable et l'eût été, en effet, à similitude d'armement.

La seule partie vulnérable était Saint-Privat, où l'attaque principale était à prévoir.

En avant de Saint-Privat, et lui faisant face, il y a une ligne de hauteurs au pied desquelles, au point où débouche la route d'accès, se trouve le village de Sainte-Marie-au x-Chênes.

Pour retarder un peu la marche de l'ennemi on avait envoyé là un avant-poste, formé de deux bataillons d'infanterie, dont l'effectif total n'atteignait pas treize cents hommes.

La position, dominée sur toute son étendue semblait détestable. Aussi, le colonel de Geslin, qui commandait ces deux bataillons, avait l'ordre de se replier, dès qu'il serait pressé un peu vivement. On s'attendait si peu à le voir tenir, qu'on ne lui avait pas donné d'artillerie, et qu'il ne disposait même pas d'une réserve de munitions.

Il arriva que cet avant-poste, si dangereusement placé, repoussa pendant trois heures toutes les attaques qu'on dirigea contre lui. Cependant, ces attaques avaient été poussées avec la plus grande vigueur. En outre d'une nombreuse artillerie, l'ennemi y avait consacré plus de vingt mille hommes, dont une brigade de la garde prussienne, qui fut presque détruite.

Le colonel de Geslin ne se retira qu'après avoir brûlé sa dernière cartouche.

Il avait essuyé peu de pertes, et mis hors de combat, à l'ennemi, cinq fois autant de monde qu'il avait d'hommes à son propre effectif.

Tous les historiens de la guerre relatent ce mémorable combat et célèbrent à l'envi l'héroïsme du colonel de Geslin et de ses soldats.

Comme explication, c'est insuffisant.

Les troupes de Sainte-Marie-aux-Chênes n'étaient ni plus ni moins héroïques que le reste de l'armée, battue le même jour sur les hauteurs d'Amanvilliers. Et leurs assaillants, qui se faisaient tuer en si grand nombre, pour les déloger, ne manquaient pas d'héroïsme non plus.

Il y avait donc là un problème tactique, auquel les circonstances donnaient le plus extrême intérêt. On ne connaît pas d'exemple de lutte pareille, en rase campagne, entre troupes civilisées, de qualité équivalente. Pour trouver quelque chose de comparable, il faut chercher dans les guerres contre les sauvages, ceux-ci étant toujours vaincus par les civilisés, grâce à la supériorité de leurs armes.

C'était bien, en effet, la supériorité de l'armement, favorisée par les circonstances de terrain, qui avait permis aux troupes du colonel de Geslin, leur longue résistance.

Le hasard avait fait que leur ligne de combat se trouvait espacée de sept à huit cents mètres des hauteurs qui la dominaient.

On s'explique que les chefs de l'armée française n'aient pas prévu, dès l'origine, les conséquences tactiques, qu'aurait dû entraîner, l'adoption des nouvelles armes.

Les hommes, capables de l'effort d'esprit nécessaire pour envisager les conséquences d'un pareil changement, sont peu communs. Et quand il s'en trouve, il est encore plus rare qu'ils réussissent à faire admettre leur opinion, fût-elle appuyée de la démonstration la plus évidente. Les novateurs sont mal vus des gens en place, qui traitent volontiers de rêveur, celui qui voudrait les faire sortir de leur routine.

Mais, si l'État-Major français n'était pas capable de prévoir, au moins aurait-il dû voir ce qui se passait sous ses yeux. Et les résultats du combat de Sainte-Marie-aux-Chênes avaient été si extraordinaires, qu'il est malaisé de comprendre qu'on n'ait pas essayé de se rendre compte des causes, pour tâcher de les reproduire et d'en obtenir les mêmes effets.

Personne n'y songea, et le seul qui ait vu clair, dans ce qui se passait, fut le maréchal de Moltke.

Il n'est pas présumable, au moment où il décidait l'attaque de Sainte-Marie-aux-Chênes, qu'il ait eu le sentiment exact des risques de l'entreprise. Mais, il fut vite éclairé. Cet homme a dû frémir, quand il a compris la singulière puissance, que pouvait donner aux armes françaises, l'utilisation judicieuse des circonstances de terrain, pour l'emploi de la mousqueterie.

Car, il ne pouvait raisonnablement espérer, qu'une telle expérience ne profiterait pas à ses adversaires, et qu'ils allaient continuer, bénévolement, à se montrer en masse sur les hauteurs, pour servir de cible à ses canons et à venir, en course folle, se faire massacrer, de près, par son infanterie, qu'il eût été si facile de détruire, en s'en tenant un peu plus loin.

Dès lors, c'était l'anéantissement de ses armées.

Ses violentes colères, après la victoire, contrastaient singulièrement avec la joie de ses compagnons, enivrés de leur triomphe.

Je montrerai, dans un prochain chapitre, comment le sentiment de cette situation devait le conduire à précipiter les événements, jouant le tout pour le tout, ce qui, d'ailleurs, lui réussit.

On a publié, sur cette guerre, d'innombrables ouvrages dont les auteurs, souvent très documentés, ont voulu expliquer, par des considérations de haute stratégie, l'enchaînement des erreurs et des fautes dont on connaît les résultats.

Aucun ne semble avoir soupçonné que la dominante de ces événements était la question de l'outillage de guerre et des procédés pour en faire emploi.

Les écrivains militaires sont comme les généraux ; ils n'aiment pas à sortir de la route tracée.

Jusqu'au milieu du siècle qui vient de finir, les progrès de l'industrie avaient été lents ; les différences qui pouvaient exister dans le matériel et l'armement des armées européennes étaient peu sensibles, les règles, pour le combat, étaient les mêmes partout.

C'est avec raison que les historiens des guerres de ce temps ont cherché, dans la conduite des opérations stratégiques, la cause essentielle des revers et des succès.

Ceux qui ont écrit sur les guerres plus récentes, ont suivi l'exemple de leurs devanciers, et c'est pourquoi j'ai dit, au début du présent chapitre qu'ils avaient fait fausse route.

Et puis, le modeste travailleur qui, au fond de son cabinet, médite sur un croquis ou sur une formule, n'a rien des apparences du haut personnage, qui parade en tête des troupes, et commande leurs manœuvres. Il n'a, non plus, ni grades, ni récompenses à distribuer.

D'où la tendance des gens superficiels et pratiques à négliger le rôle du premier, et à tout faire dépendre du génie de l'autre, ou de son insuffisance.

Je suis un peu plus terre à terre. Et connaissant que le succès dépend essentiellement, aujourd'hui, de la valeur de l'outillage, et encore davantage des méthodes adoptées pour le mettre en œuvre ;

Je vais examiner sous quelles influences s'opèrent, chez nous, les transformations de cette espèce, et si les personnels qui en ont charge, offrent les garanties de capacité et d'impartialité, que la nation est en droit d'attendre d'eux.

CHAPITRE II

L'ARMEMENT

Pendant les deux ou trois siècles qu'on a fait usage des armes à canons lisses, il n'a existé que des différences peu sensibles, entre les armes à feu employées par les diverses armées européennes. Aucune puissance n'a eu, sous ce rapport, de supériorité marquée sur les autres.

L'origine des transformations, qui devaient bouleverser la veille routine, ne remonte pas au delà de la guerre de Crimée.

C'est là que l'armée française inaugura la carabine rayée du système Minié. Elle en retira des avantages très notables, malgré la faible proportion des troupes qui avaient été armées de ce nouvel engin.

L'expérience ne fut pas perdue, et, à la suite de la guerre de Crimée, toutes les puissances européennes adoptèrent le fusil rayé. La plupart se contentèrent de transformer, à ce système, leur armement existant. Une seule, la Prusse, fit la dépense complète, adoptant une arme nouvelle : le Dreyse, à calibre réduit, et se chargeant par la culasse.

Cette innovation n'eut rien de secret, et la transformation se fit lentement ; vers 1861, le tiers seulement de l'armée prussienne possédait le nouveau fusil : elle n'en fut complètement dotée que plusieurs années après. .

On n'eut aucune difficulté à se procurer des spécimens de la nouvelle arme. En France, notamment, il y en avait dans toutes les écoles militaires, et les professeurs s'y évertuaient à démontrer, contrairement au sens commun, qu'une arme de ce genre ne pouvait être mise aux mains des troupes, sans les plus graves inconvénients, et qu'une armée ainsi pourvue, était vouée à un inévitable désastre. Et, en conséquence, la réfection de l'armement de l'infanterie ayant été décidée, en France, en 1865, on avait adopté, en principe, un fusil à baguette, du calibre de 11 millimètres, dit fusil d'étude, que l'artillerie française préconisait comme l'idéal du fusil de guerre.

La nouvelle de la bataille de Sadowa empêcha seule la construction de cet armement. On n'osa pas faire tête à l'opinion publique, qui attribuait, avec raison, le succès des Prussiens à leur fusil à aiguille, et réclamait, pour notre armée, un outillage au moins équivalent.

L'Artillerie, prise de court, fit une combinaison du fusil d'étude, d'une carabine à obturateur en caoutchouc, proposée par la cavalerie, et de l'aiguille du Dreyse. Ce fut le Chassepot, d'ailleurs bien réussi, eu égard aux circonstances. Son principal défaut résultait de l'emploi de la poudre vive, préparée pour le fusil d'étude, laquelle ne convient pas aux armes se chargeant par la culasse.

Personne ne songea à faire mystère du mécanisme adopté, bien que ce fût, à cette époque, le meilleur système en usage. Une grande partie du matériel fut même construite à l'étranger, notamment à Liége et à Brescia, les manufactures nationales ne pouvant donner une production suffisante, à délai assez court. Notons, en passant, que si l'opinion publique, éclairée, par hasard, n'avait imposé ce système à l'Artillerie, nous n'aurions pas eu sur les Allemands, en 1870, cette unique supériorité, dont les conséquences auraient été considérables, si on avait su en tirer parti.

Le fusil Chassepot, modifié en 1874, sous le nom de fusil Gras, pour permettre l'emploi de la cartouche métallique, est resté l'armement de l'infanterie française jusqu'en 1886, époque où fut adopté le Lebel, de petit calibre et à magasin, encore en usage aujourd'hui.

Ici, nous arrivons à la période des mystères. Si merveilleux, paraît-il, était ce mécanisme, qu'on ne pouvait prendre trop de précautions pour en dissimuler le secret, aux concurrents jaloux, qui n'auraient reculé devant aucun moyen, pour se l'approprier.

Il y a quinze ans de cela : trois mois après la mise en service, les plans du Lebel étaient publiés partout, excepté en France, et, chose surprenante, lorsque les autres nations se décidèrent à faire construire des armes à magasin, pas une ne songea à choisir le même mécanisme.

D'où il est à conclure que toutes, après étude, en avaient trouvé un autre, pour le moins équivalent.

Dès à présent, on sait partout, quel est le système de fusil qui succèdera aux armes à magasin. Ce sera le fusil à rechargement automatique, utilisant le travail du recul, pour remplacer, mécaniquement, la cartouche brulée. On doublera ainsi la vitesse de tir, et le soldat n'aura plus besoin de chercher sa ligne de mire, pour ajuster un nouveau coup. Toutes les puissances font étudier ces systèmes et se tiennent prêtes à suivre l'exemple, dès que l'une d'elles aura pris l'initiative, chacune ayant déjà fait son choix, parmi les nombreux modèles en expérience.

La seule considération qui retienne, est celle de la dépense, énorme et inutile, car chaque puissance intéressée étant forcée de suivre l'exemple, les forces réciproques resteront, en définitive, les mêmes.

Il est impossible de saisir l'utilité du mystère dont on enveloppe tout cela, à moins que ce ne soit pour mettre les États-Majors et leurs projets à l'abri de la discussion et de la critique.

Cela est d'autant plus regrettable, que, dans un pays où ceux qui détiennent l'autorité, ont réussi à s'affranchir de toute responsabilité effective, l'opinion publique est la seule barrière aux abus qu'entraîne nécessairement un tel état de choses.

Et, il serait grand temps qu'elle entrât en jeu, cette opinion, justement au sujet d'une découverte récente, qui n'a pas assez éveillé l'attention, et dont les conséquences peuvent devenir de la plus extrême gravité :

Tout le monde a entendu parler des balles dites dum-dum, employées par les Anglais, contre les révoltés de l'Inde.

Quelques philanthropes ont manifesté leur indignation, mais, comme il ne s'agissait que de prétendus sauvages, on ne s'en est pas préoccupé autrement. Il faut pourtant se rendre compte, que si l'on n'y prend garde, l'usage ne s'en bornera pas là.

Toutes les balles actuellement employées dans les petits calibres, sont en deux pièces, dont une chemise de métal dur, pour tenir solidement la rayure. Lorsque la balle frappe le but, les deux parties tendent à se séparer, pour diverses causes, dont la principale est la différence de densité entre les deux métaux.

Pour assurer la séparation, il suffit qu'on ait amorcé, par une entaille, la déchirure de l'enveloppe, ce que chacun peut faire, sans difficulté ; il suffit pour cela d'une petite lame de scie ou de canif.

Quand une balle, ainsi agencée, pénètre dans les chairs, l'enveloppe se déchire, et ses morceaux, développant leur mouvement giratoire à travers les tissus, y causent les ravages qu'on peut imaginer.

Tout homme, atteint par une balle dum-dum, est un homme perdu, qu'il faut amputer, si le coup a porté aux membres, et qui succombe, dans les plus cruelles souffrances, s'il a été touché au corps.

Il est vrai que tous les gouvernements protestent contre l'intention d'employer ces abominables pratiques, dans un conflit européen, et leur bonne foi n'est pas douteuse.

Seulement, si on réfléchit à la facilité d'une

opération, que le premier venu peut faire en quelques instants, il apparaît, avec évidence, que, le cas échéant, aucune surveillance ne pourra empêcher des scélérats — et il s'en trouvera, à coup sûr, de part et d'autre — de faire leurs projectiles dum-dum, dès les premières hostilités.

Et que, le fait étant constaté, les belligérants s'accuseront réciproquement de cette violation du droit des gens, et ne tarderont pas à généraliser la mesure, sous prétexte de représailles ;

Et que, dans ces conditions, la prochaine guerre prendra, sans aucun doute, un caractère de férocité tel, que l'histoire, même ancienne, n'en offre probablement pas d'exemple.

Voilà ce qu'on ne saurait se lasser de dire et de répéter, parce qu'il y a des chances, en éveillant l'attention publique sur ces éventualités redoutables, d'obliger les gouvernements à prendre des mesures efficaces pour les prévenir.

Et que, si on n'y parvient pas, il importe que chacun soit averti de ce qui se passera, peut-être demain : la peur réciproque, que se font les nations armées, étant encore ce qui contribue le plus efficacement à maintenir la paix entre elles.

Cette digression nous a un peu écarté de notre sujet; il est temps d'y revenir.

Après avoir rappelé sommairement, comment se sont opérées, en France, les transformations des armes portatives, voyons ce qui est relatif aux bouches à feu.

La guerre de 1859 offre le premier exemple d'avantages importants, remportés grâce à la supériorité du canon de campagne.

L'auteur du système qui devait donner de si brillants résultats, Treuille de Beaulieu, avait eu à surmonter les plus grandes difficultés pour le faire admettre. Bien qu'artilleur lui-même, il se heurta à l'opposition du Comité de son arme, qui refusait systématiquement de se laisser convaincre, malgré les raisons les plus péremptoires et les expériences les plus démonstratives.

Quoique Treuille de Beaulieu se fût déjà acquis, par ses travaux antérieurs, une notoriété considérable, il fallut l'intervention personnelle de l'Empereur Napoléon III, pour qu'il obtint satisfaction. Tous ces démêlés eurent, à l'époque, un grand retentissement.

A l'étranger, on semblait même considérer comme impraticables les projets de l'inventeur, et regarder comme illusoires, les progrès qu'il prétendait réaliser.

Les Etats-Majors sont partout animés du même esprit, détestant, par principe, toute innovation et n'admettant d'initiative, que si elle émane d'un des leurs.

Pour qu'il en soit autrement, il faut qu'il y ait au-dessus d'eux une autorité énergique, sachant leur faire expier les erreurs, volontaires ou autres, qu'ils seraient, sans cela, trop exposés à commettre.

Il a fallu l'expérience de Solférino, pour trancher la question et donner le signal de la transformation générale de toutes les artilleries.

Les Prussiens ne se contentèrent pas d'imiter, ils voulurent faire mieux et beaucoup mieux; ils n'y réussirent que trop. Non seulement, ils rayèrent leurs canons, mais ils en transformèrent complétement le système, adoptant le chargement par la culasse, et remplaçant le bronze par l'acier.

Le chargement par la culasse donne la vitesse de tir, ce qui est déjà d'une importance considérable.

Toutes choses égales d'ailleurs, un canon qui tire avec une vitesse double, lutte à égalité contre deux autres, puisqu'il y a nombre égal de coups d'égale puissance échangés. Toutefois, on peut contrebalancer cet avantage, en opposant un nombre supérieur de pièces.

Mais cet avantage, déjà énorme, est de beaucoup inférieur à celui que donne la substitution de l'acier au bronze.

L'acier, beaucoup plus résistant, permet l'emploi de plus grandes charges, qui fournissent des portées plus étendues.

En outre, le métal, plus rigide, maintient mieux le projectile dans sa ligne de tir, et il en résulte une plus grande précision.

Par suite, un canon de grande portée et de grande justesse, à condition d'être mis en batterie à distance convenable, est assuré d'avoir raison de tous ceux, moins perfectionnés, qu'on pourrait lui opposer, et cela, quel qu'en soit le nombre.

Ce ne sont plus pour lui que des cibles

incapables de riposte, qu'il détruit impunément, l'une après l'autre.

Cela aurait dû paraître évident, *a priori*. De plus, l'expérience du combat avait été faite. Les Prussiens possédaient déjà, à Sadowa, un certain nombre de batteries construites dans ce système, lesquelles contribuèrent puissamment au succès. Malheureusement, l'opinion publique, toujours simpliste, n'avait vu que le fusil à aiguille, et ne sut imposer, en France, l'adoption du nouveau système que pour les armes portatives.

Cependant, tous les hommes techniques étaient fixés. Il y avait, en 1868, à Saint-Thomas-d'Aquin, deux canons de campagne, du modèle allemand, avec leurs munitions. Les jeunes officiers demandaient à les tirer, ils ne purent en obtenir la permission ; on savait trop bien à quels résultats ils aboutiraient.

Cette supériorité, non douteuse, des canons allemands était inquiétante ; l'Artillerie, ne voulant à aucun prix faire pareil, imagina, pour rétablir l'équilibre, d'adopter un engin nouveau, ou au moins décoré d'un nom nouveau. Ce fut la fameuse mitrailleuse de Meudon.

Les mitrailleuses, ou canons à balles, ont été inventées et employées par les Américains, pendant la guerre de la Sécession. On ne tarda pas à s'apercevoir que ces engins, de bon emploi dans certains cas particuliers, sont de nulle valeur dans la guerre de campagne, si l'adversaire possède de l'artillerie. La raison en est que le canon à balles, n'ayant qu'une moindre portée et ne pouvant régler son tir, se trouve hors d'état de tenir tête au canon ordinaire.

Cependant, on les adopta, parce qu'il fallait quelque chose de nouveau et qu'on n'avait pas trouvé mieux. L'exécution en fut confiée à un officier d'artillerie bien en cour : M. de Reffye. Ce fut cette construction qui ouvrit l'ère des mystères et des minutieuses précautions, soi-disant destinés à garantir les secrets de la défense nationale. De vrai, on craignait d'être obligé de reconnaître que les mitrailleuses n'étaient que de médiocres canons à balles, et que les esprits mal faits ne fissent observer que l'expérience en était faite et qu'elle n'était pas encourageante.

Le mystère n'empêchait pas, bien entendu,

la réclame discrète, sous forme de demi-confidences, destinée à répandre dans le public, la croyance à des machines d'une puissance extraordinaire, et au génie de ceux qui les avaient inventées. Il est remarquable que ces procédés, bien qu'ils aboutissent invariablement au même résultat, réussissent à tout coup.

Il est certain que les Allemands eurent connaissance de la construction des mitrailleuses. Peut-être, réussit-on à leur dissimuler certains détails du mécanisme. Cela, d'ailleurs, leur importait peu. Ils connaissaient les vices du système et savaient n'avoir rien à en redouter.

L'expérience leur donna raison, mais si les mitrailleuses ne firent pas gagner la bataille, elles rapportèrent gloire et profit à leurs éditeurs, qui se trouvèrent bien d'avoir mis leur affaire hors de discussion. La leçon devait profiter. Aussi, lorsque, après les désastres, il fallut refaire toute l'artillerie de campagne, on s'empressa de procéder d'après les mêmes méthodes. M. de Reffye, qui avait si bien réussi les mitrailleuses, était indiqué, pour présider à la réfection de cet armement. L'opinion, toujours simpliste, n'avait attribué la supériorité des canons allemands qu'à la vitesse de leur tir, dû au système de chargement par la culasse. On voulut bien lui donner satisfaction sur ce point. Mais, telle est la puissance de l'esprit de coterie, que, l'acier n'étant pas impérieusement réclamé, on décida que le nouveau matériel serait encore construit en bronze, et l'artillerie de campagne, reconstituée en canons de 5 et de 7, fut faite de ce métal mou, partout abandonné.

Le Président de la République était alors M. Thiers, qui se piquait de connaissances militaires, et auquel on ne pouvait arguer du secret de la défense nationale, pour se soustraire à toute explication. Comme il s'étonnait qu'on tînt si peu de compte de la sanglante expérience qu'on venait de subir, on lui machina, aux environs de Dunkerque, une expérience comparative, avec des rossignols étrangers, qui, naturellement, tourna à l'avantage des canons de bronze. Le digne homme, ainsi mystifié, donna son consentement.

C'est de cette manière que plusieurs centaines de millions furent gaspillés, et chose plus

grave, que l'artillerie française, se trouva en
état de complète infériorité, jusque vers 1878,
époque où elle se décida enfin à substituer les
canons d'acier du système de Lahitolle, au
bronze de Reffye.

Ce matériel, encore en service, n'a pas eu
l'occasion de faire ses preuves. Il est, par
suite, difficile d'en donner une appréciation
motivée. Il est, du reste, en train de disparaître. La France, et en même temps qu'elle,
toutes les puissances de l'Europe, ont adopté
les canons à tir rapide et leur construction est
en voie d'exécution partout.

Le principe de ces engins est bien connu ; il
consiste à laisser libre le recul de la pièce sur
son affût, en utilisant le travail ainsi développé,
pour la ramener, automatiquement, en position. On gagne ainsi le temps de la remise en
batterie et il suffit d'une rectification de poin-
tage, pour que la pièce soit prête au coup suivant. En même temps, on a mis à profit les
progrès réalisés, dans la métallurgie et dans la
fabrication des poudres, pour obtenir une plus
grande portée, tout en réduisant les calibres.

Les mécaniciens se rendront compte qu'on

peut faire varier, à l'infini, les dispositions pour obtenir ce résultat. Il est probable que les systèmes adoptés dans les différents pays, n'offrent pas des avantages bien sensibles, les uns sur les autres. En tous cas, ces avantages ne seraient pas assez appréciables, pour déterminer aucun gouvernement à modifier, en cours de fabrication, les modèles de son choix.

On s'explique donc, difficilement, l'utilité de secrets, qui n'en sont que pour les nationaux.

Cependant, en France du moins, il serait dangereux de donner la description des mécanismes en usage et de faire connaître les expériences qui s'y rapportent. Pour être instruit à cet égard, il faut avoir recours aux publications étrangères, où se trouvent toujours les renseignements les plus complets sur les questions de cette nature.

Étant connus les précédents, il est permis de penser que ces procédés d'obstruction ne sont pas pour inspirer confiance. Ainsi, le frein automatique des nouveaux canons à tir rapide est contenu dans une enveloppe plombée et poinçonnée. Quand il se détraque, ce qui arrive souvent, il est interdit de le réparer sur place ; on doit l'envoyer dans son enveloppe intacte, à l'atelier de précision, à Puteaux.

C'est très bien, s'il y a là-dedans un secret véritable.

Mais, on ne s'y prendrait pas autrement, s'il s'agissait de dissimuler que le mécanisme, trop compliqué, ne peut être tenu en état que par les spécialistes de Puteaux, ce qui serait une condition plutôt fâcheuse, pour un engin de guerre.

De l'exposé rapide que je viens de faire, il est à retenir ceci :

Que, pendant toute la période de transformation de l'armement, sur laquelle on peut raisonner avec certitude, les innovations ayant subi l'épreuve de la guerre :

Aucun progrès réel n'a été obtenu que malgré l'opposition de l'Artillerie, vaincue par l'insistance d'un homme de génie, ou cédant à la pression de l'opinion publique.

Toutes les fois que l'Artillerie a opéré de son propre mouvement, les résultats ont été médiocres ou mauvais, et d'autant plus mauvais qu'elle avait mis plus de mystère à l'accomplissement de ses projets.

C'est l'histoire de toutes les corporations, systématiquement opposées à ce qui n'émane pas de l'initiative de leurs membres. Les officiers de l'artillerie française n'ont pas le monopole de toutes les innovations heureuses. Tant qu'on les laissera maîtres de rejeter, quand même, tout ce qui ne vient pas de leur crû, le matériel qu'ils fournissent sera nécessairement en état d'infériorité ; puisque les étrangers ne se soumettent pas à la même restriction.

Nous ne pouvons discuter ici la valeur des systèmes récents : ceux que nous devons admirer de confiance.

Mais, comme on n'a rien changé aux procédés qui ont donné les résultats rappelés ci-dessus ; qu'aucune sanction effective n'a jamais été appliquée aux abus de fonctions, et que le mystère imposé tend de plus en plus à s'épaissir ; on a le droit de prévoir que les mêmes causes aboutiront aux mêmes effets.

CHAPITRE III

On vient de voir qu'il est sans exemple qu'une nation ait tiré avantage du secret apporté à la fabrication d'un nouvel engin de guerre.

Et que, toutes les fois qu'une innovation de ce genre a donné des résultats importants, ceux qui en ont essuyé les effets, avaient eu, long-temps à l'avance, les renseignements nécessaires pour se procurer un outillage équivalent, s'ils avaient jugé à propos de le faire.

Mais, si on admet l'importance du secret, encore faut-il qu'il y ait des moyens efficaces de le garder.

On est ainsi conduit à rechercher comment le matériel de guerre est construit et conservé, et l'examen du fonctionnement des arsenaux et des magasins fera voir qu'il est impraticable de construire secrètement un armement nouveau, à cause du très nombreux personnel nécessaire à son établissement.

Une pareille tentative serait déjà irréalisable, si les seuls agents et employés de l'État avaient à y collaborer. En réalité, ceux-ci ne font jamais que recevoir et assembler des pièces détachées, confectionnées par l'industrie civile.

Il n'en peut, d'ailleurs, être autrement. Si on voulait se passer du concours de l'industrie civile, il faudrait donner aux établissements militaires un développement excessif et y entretenir en permanence un personnel, qu'on serait obligé de laisser chômer beaucoup plus souvent qu'on n'en trouverait l'emploi. Il est vrai qu'on stipule toujours, que les industriels auxquels est confiée la fabrication des pièces, destinées à un matériel d'armement, devront être de nationalité française et souvent, on exige la même condition de leurs ouvriers. Il est facile de montrer combien la précaution est illusoire.

Lorsqu'il y a lieu de passer des marchés pour une fourniture de ce genre, on procède par voie de concours, c'est-à-dire qu'on fait appel aux industriels, jugés aptes à entreprendre la fabrication, et qu'on les invite à faire connaître, dans quelles conditions de prix et de temps, ils consentiront à s'en charger. Cela exige qu'on leur donne, d'abord, une connaissance complète et détaillée des objets à fournir ; et eux-mêmes, pour se rendre compte des prix de revient et des difficultés de la construction, sont obligés de faire des pièces d'essai. Par suite, les ingénieurs et ouvriers se trouvent mis dans la confidence ; non seulement ceux de l'industriel qui doit obtenir la fourniture, mais encore, ceux de tous ses concurrents.

A qui fera-t-on croire, que, dans ces conditions, il y ait difficulté pour un agent étranger à se procurer, sinon la totalité, au moins la plupart des pièces constitutives de l'engin, dont on prétend garantir le secret ?

Cuvier ne demandait qu'une vertèbre, pour

reconstituer un squelette entier. Croit-on que les ingénieurs soient bien embarrassés, possédant la plus grande partie des pièces d'un engin de guerre, pour en déterminer le système et le mécanisme ?

Tout ce qu'on pourrait espérer de conserver secret, en utilisant exclusivement les ressources, en personnel et en matériel, des établissements militaires, c'est la construction des nouveautés qu'on se propose d'étudier et les résultats des expériences qui s'y rapportent.

Mais, cela n'intéresse en rien les puissances rivales.

On ne fait pas la guerre avec des projets d'armement et les tables des tirs d'expérience ; il faut un matériel achevé, et la création de ce nouvel outillage est la seule chose qui intéresse l'étranger ; c'est aussi la seule dont on ne puisse l'empêcher d'avoir connaissance, dès le début des opérations préparatoires à la fabrication.

Si la puissance étrangère estime que la nouvelle création offre des avantages assez importants, rien ne l'empêche de l'adopter, pour son compte, souvent même en l'améliorant, quand ses ressources financières le lui permettent.

Le secret des études préalables, le seul qui se puisse garder, n'offre, donc, que des avantages sans importance.

En revanche, la tentative, toujours illusoire, de tenir secrète une grande fabrication, entraîne des difficultés et des inconvénients sans nombre.

D'abord, l'exagération des dépenses.

L'industrie nationale, à laquelle on est obligé de réserver la fourniture, n'a pas des ressources illimitées ; et les industriels ne seraient pas commerçants, s'ils ne profitaient de la circonstance, pour élever leurs prétentions. Sans doute, les intérêts de l'industrie nationale sont respectables, mais, ceux des contribuables, qui sont aussi nationaux, le sont au moins autant.

Ce n'est pas là le plus grave.

La considération de temps est presque toujours, en ces matières, d'une importance capitale. Si on se prive du concours de l'industrie étrangère, on est obligé d'accorder, aux constructeurs nationaux, des délais en rapport avec les moyens de production dont ils disposent, et il est, malheureusement, certain, que leurs ressources, sous ce rapport, sont inférieures à celles que pourrait fournir la fabrication étrangère.

On n'oserait plus, aujourd'hui, y avoir recours, comme on l'a fait, en 1866, pour le Chassepot.

Avec les idées actuelles, ce serait déchaîner de violentes campagnes de presse, dénonçant à la vindicte publique, les traîtres assez impudents, pour ainsi prostituer les secrets de la défense nationale.

Sans compter que les industriels intéressés, ne manqueraient pas de stimuler, par les procédés en usage, l'ardeur patriotique de ladite presse.

Nous exposerons plus loin pourquoi nous entendons le patriotisme d'une toute autre façon, et le faisons consister, non à exploiter les préjugés populaires, mais à combattre des erreurs, dont nous démontrerons les conséquences funestes.

Quant aux Magasins, qu'ils contiennent des armes ou d'autre matériel, ce n'est vraisemblablement pas leur existence, qu'on pourrait songer à dissimuler ; les morceaux sont trop visibles. Alors, est-ce la nature du matériel qu'ils renferment ?

Elle n'est guère difficile à deviner.

Est-ce la façon dont on arrime les affûts, dont on dispose les projectiles et les porte-manteaux, dont on engerbe les voitures, les procédés pour poivrer les habits, lubréfier les cuirs, graisser les aciers, ou bien encore la contexture des registres qui servent à l'inscription du tout ?

Cela ne serait pas sérieux.

Tout se réduit donc à la question du *quantum*. Eh bien, si ce *quantum* est ce qu'il doit être, il n'y a pas besoin de faire le recensement des magasins, pour savoir ce qu'ils contiennent, au moins dans leur ensemble.

On sait bien ce que nous avons d'hommes à mettre sur pied en cas de mobilisation, puisque tout le monde peut le calculer par le nombre des classes, l'effectif de chacune, et le déchet qu'y fait subir le temps.

L'effectif global ainsi déterminé, et connaissant les formations qui y correspondent, on en déduit aisément ce qu'il faut pour armer et équiper les hommes, et pourvoir les formations du matériel qui leur est nécessaire.

C'est cela qui doit se trouver dans les magasins, et qui s'y trouve, à coup sûr, puisque le pays n'a jamais marchandé les fonds que lui a demandés l'administration, pour constituer tout le matériel et tous les approvisionnements qu'elle a jugés utiles.

Il y aurait davantage, que cela serait sans intérêt ; un fusil qui n'est pas emmanché est comme inexistant.

Mais, si par impossible, il y avait un déficit? C'est tout à fait invraisemblable, mais enfin, cela s'est vu. L'expédition du Mexique était impopulaire, les Chambres faisaient des difficultés pour en couvrir les frais ; on détourna de leur affectation les fonds destinés au matériel de guerre, et le tour fut joué.

Il en coûta cher quelques années plus tard ; au moins, faut-il que la leçon profite.

Supposons donc que, par impossible, les magasins soient mal pourvus, le matériel et les approvisionnements incomplets, y a-t-il intérêt à dissimuler aux étrangers cette fâcheuse situation? Assurément, oui, encore que cette dissimulation soit difficile. Mais, il y a un intérêt incomparablement plus grand à ce qu'elle soit connue de la nation, qui a payé pour être servie, qui a le droit de savoir si elle a bien placé sa confiance, et d'être informée, s'il en est autrement, avant qu'il soit trop tard.

On objectera, que si, ni la nature, ni l'importance globale des ressources existantes ne sont dissimulables, il est, cependant, nécessaire, d'en laisser ignorer la répartition, dans les différentes parties du territoire ; ce renseignement pouvant fournir à l'ennemi, des indications précieuses, pour la conduite de ses opérations.

Cela, même, n'est pas à prévoir.

Il est certain que, dès le début d'une mobilisation, la plus grande partie du matériel sera distribuée, ou bien expédiée, suivant les besoins, de sorte que les magasins et arsenaux étant complètement bouleversés, la connaissance de la situation antérieure, ne pourrait avoir d'intérêt pour personne.

La situation nouvelle, qui résulte de ces mouvements intenses dans les grands établissements, est elle-même bien difficile à établir.

En 1870, après les grandes batailles autour de Metz, l'état de situation de l'arsenal n'indiquait plus, comme munitions d'artillerie restant *disponibles* que 5,026 coups, pour les canons de campagne. En réalité, il y en avait 105,000. Quant aux munitions d'infanterie, on les croyait réduites à 800,000 cartouches. Puis, on s'aperçut qu'un chiffre avait été oublié, et qu'il fallait lire 1,800,000. Puis, que les deux nombres étaient à prendre l'un et l'autre, et à totaliser, ce qui donnait 2,600,000 cartouches.

Encore plus tard, on en découvrit 5,000,000 de plus.

Ces détails ne furent connus que par les débats du procès de Bazaine.

Le colonel de Girels, ancien directeur de l'arsenal, appelé à déposer devant le conseil de guerre, fournit des explications surprenantes :

D'après lui, les renseignements donnés, sur la situation en munitions d'artillerie, étaient exacts. Seulement, il fallait entendre par *disponible*, non l'existant, mais le surplus des affectations ; c'est-à-dire qu'il y avait : d'abord le nécessaire, pour approvisionner l'armée et la place, et quelque chose de plus. Ce quelque chose était le *disponible*. Voilà ce qu'on aurait compris, si on avait su lire sa situation. Par malheur, ni Bazaine, ni personne de son état-major, ni le commandant en chef de l'artillerie lui-même ne connaissait cette subtilité. Tous avaient compris, comme vous et moi, aurions compris à leur place, que les approvisionnements étaient presque épuisés.

Quant à l'étonnante multiplication des cartouches, le colonel de Girels ne pouvait donner aucune explication, il avouait avoir été débordé, mais il affirmait avoir éprouvé une immense joie patriotique, le jour où il avait découvert qu'on en avait compté cinq millions de plus que la veille.

Cela vous paraît incroyable ; si vous doutez, lisez le compte rendu officiel du procès Bazaine, vous y trouverez la chose, par demandes et réponses, exposée tout au long.

De quoi les conséquences ne furent pas minces.

On verra plus loin que la véritable faute stratégique de Bazaine n'a pas été de retenir son armée autour de Metz, mais de l'y laisser investir. C'est cela qu'il aurait dû empêcher, à tout prix, parce que, s'il laissait fermer le cercle d'investissement, le succès de sa sortie dépendait du hasard d'un combat.

Mais, s'il était à court de munitions, le cas n'était plus le même. Il ne pouvait alors sacrifier ses dernières ressources à des engagements partiels, et il était obligé de les réserver pour l'action décisive.

Les munitions ne manquaient pas, mais, d'après les renseignements fournis par l'arsenal, Bazaine croyait en manquer, ce qui explique son inaction dans ces circonstances critiques. Sa conviction était même si complète, à cet égard, qu'il licencia les parcs de deux corps d'armée.

Quand le colonel de Girels eut fini ses rectifications et ses découvertes, il était trop tard : l'investissement était complet.

On voit combien peuvent être graves les conséquences du désordre dans les comptes du matériel de guerre ; ce désordre a pour cause principale l'extrême complication des comptabilités militaires.

Je montrerai plus loin que cette complication

est voulue, pour dérouter, non les espions, mais les vérificateurs.

En temps ordinaire, les chefs des établissements, eux-mêmes ont déjà peine à s'y reconnaître.

Mais, dans les périodes d'activité intense qui sont le résultat inévitable des opérations de guerre, la situation des ressources dans les grands établissements devient à peu près impossible à établir; on y laisserait les espions circuler librement, qu'ils ne trouveraient pas d'indication utile, là où l'administrateur lui-même ne parvient pas à savoir où il en est.

Et pourtant, la connaissance exacte des ressources en matériel et en approvisionnements est la chose du monde qui importe le plus à la conduite des opérations de guerre, puisque rien ne peut être entrepris, qui mettrait dans le cas d'en manquer.

CHAPITRE IV

POUDRES ET EXPLOSIFS

On a fait grand bruit de l'invention des poudres sans fumée, et celle qu'on a adoptée, en France, d'ailleurs satisfaisante à certains points de vue, a été représentée comme une création unique et sublime, et un secret de la plus haute importance. Il convient de ramener cette découverte à de plus justes proportions.

Disons d'abord que ces nouvelles poudres sont assurément préférables aux anciennes poudres noires, au moins pour les armes portatives; d'abord, parce qu'elles font peu de fumée, et surtout, parce qu'elles encrassent beaucoup moins, ce qui est important avec les petits calibres.

Aussi, maintenant, toutes les armées européennes en font emploi.

Seulement, on trompe le public, quand on cherche à lui faire croire que la nôtre possède des avantages marqués, car, toutes sont à peu près équivalentes.

Il est facile de s'en rendre compte :

Les poudres sans fumée ne sont autre chose que des pyroxiles grenés.

Les substances dont la cellulose forme la base, et la plupart des matières organiques sont dans ce cas, traitées par l'acide nitrique, donnent des pyroxiles. Le nombre en étant, pour ainsi dire, illimité, chacun peut se donner la gloire d'inventer sa poudre, ce dont beaucoup ne se font pas faute, à en juger par le nombre de brevets qui sont délivrés pour cet article, en France et à l'étranger.

Les qualités qu'on recherche dans une poudre sans fumée, sont les suivantes :

Régularité de la combustion.

Bonne conservation.

La régularité de combustion est le résultat de

la pureté des matières premières et des soins méthodiques et entendus apportés à la fabrication. Elle se manifeste par une moindre pression au tonnerre et une plus grande précision dans le tir. Mais, comme il est rare qu'un fusil éclate et que la très grande justesse, appréciable sur une cible, n'a guère d'intérêt sur le champ de bataille, cette qualité, en somme, est assez secondaire.

Il en est autrement de la conservation :

Les matières qui entrent dans la composition de ces poudres, sont, par nature, très peu stables, puisque leur déflagration est due à cette instabilité.

Il en résulte que les poudres sans fumée s'avarient facilement, et que les circonstances, en apparence les plus indifférentes, peuvent en compromettre la durée. Les courants électriques, même les plus faibles, sont particulièrement à craindre.

Or, ces courants se produisent toujours, dans les cartouches de guerre, qui sont faites de métaux différents, sertis les uns sur les autres.

On comprend de quelles funestes conséquences serait l'emploi d'une poudre de mauvaise conservation, qui, s'avariant dans les cartouches, finirait par mettre hors de service tout l'approvisionnement de munitions.

Avons-nous quelque chose de pareil à redouter ?

Il est permis d'avoir des doutes à cet égard.

On fait le plus grand secret de la composition de nos poudres et de leur fabrication.

En admettant, ce qui est peu probable, qu'on ait réussi à l'assurer, l'avantage est mince, puisque toutes les armées étrangères possèdent des produits, sinon identiques, au moins équivalents.

Mais, pour cacher, avec le même soin, ce qui se passe dans les magasins et comment les approvisionnements s'y comportent, il n'y a aucun prétexte. Alors, pourquoi tous ces mystères ?

L'emploi, relativement récent, des explosifs à grande puissance pour le chargement des projectiles de l'artillerie, est d'importance considérable, et a produit une révolution, dans tout ce qui se rapporte à la défense des côtes ou à l'attaque des ouvrages fortifiés. Nous reviendrons plus loin sur cette grave question. On comprendrait donc les mesures les plus rigoureuses, pour cacher au monde le secret d'un agent de cette importance, s'il était seul de son espèce. Mais, le nombre de ceux qu'on connaît, déjà considérable, va sans cesse en s'accroissant; on peut le considérer comme illimité.

La plupart des matières combustibles, traitées par l'acide nitrique, fournissent des explosifs.

En règle générale, plus un explosif est puissant, plus le maniement en est dangereux. On recherche, de préférence, les plus énergiques, parmi ceux dont l'emploi n'expose pas à trop grands risques. Même en se restreignant à ces limites, il reste encore un très grand choix, d'autant que les explosifs liquides peuvent être amenés au degré voulu, par addition de matière inerte, dont on fait, à volonté, varier la proportion.

Il s'entend que tout inventeur, après avoir décoré sa marchandise d'un nom retentissant, en préconise les avantages, et en proclame la supériorité sur tous les similaires.

En France, l'explosif ordinairement employé pour le chargement des projectiles, est la mélinite.

La mélinite est tout simplement de la résine nitrée, autrement dite acide picrique, dont la découverte remonte à plus de trente ans.

La marine l'employa d'abord à l'état de picrate de potasse, parce que l'acide picrique pur détone difficilement ; c'était le contraire pour le picrate : des accidents survinrent, entre autres l'explosion de l'usine Fontaine en 1869 ; on renonça à ce produit, comme trop dangereux.

Un inventeur, nommé Turpin, reprit la question : il imagina de profiter de la fusibilité de la résine, pour la couler dans la chambre des projectiles, où elle forme ainsi bloc : l'acide picrique traité de cette manière devint la mélinite.

Dans cet état, il faudrait, pour déterminer l'explosion, une amorce beaucoup trop chargée en fulminate, dont l'emploi, en trop grande quantité, est lui-même dangereux. Pour obvier à cet inconvénient, Turpin imagina d'intercaler une couche de menu entre le fulminate et le bloc explosif, ce qui réussit parfaitement.

C'est ce dispositif qu'on appelle le détonateur de Bourges : il est, d'ailleurs, l'application d'un principe connu.

Comme tous les inventeurs, Turpin s'exagérait la portée de son invention, et se figurait, de très bonne foi, avoir sauvé la France. N'ayant reçu pour cela que 200,000 francs, il se trouvait dupé. Il apprit qu'un familier de l'Artillerie, nommé Triponé, vendait le système, en Angleterre et ailleurs, le dénonça à plusieurs reprises, n'obtint pas de réponse, et son mécontentement devint de l'exaspération. C'est alors, qu'il publia une brochure : « *Comment on a vendu la mélinite* » qui fit scandale et causa un vif émoi dans les bureaux du ministère, qui n'aiment pas, et pour cause, qu'on en sache trop long sur ce qui s'y passe.

Cependant, il semblait difficile de traduire devant les tribunaux l'auteur de la brochure : le crime de lèse-Artillerie n'étant pas encore inscrit dans les codes. Un habile jurisconsulte trouva un biais, et Turpin fut poursuivi comme espion.

— Mais, disait ce malheureux, avec apparence de raison, on ne peut divulguer un

secret qu'autant qu'il existe, et celui de la mé-
limite n'existe plus : j'ai établi que Triponé
l'avait vendu à quiconque avait voulu le
payer.

— A ceux-là seulement, ripostait le procureur. En le livrant gratis aux autres, vous avez
commis le même délit. Vous êtes même plus
coupable, puisque vous avez fait une publicité
plus grande ;

Nous ne demandons que le tribunal vous
applique la loi dans toute sa sévérité.

Et ainsi fut fait. On dit même que Turpin fut
si bien recommandé, qu'on exagéra pour lui
les rigueurs de la détention.

Si étrange que cela paraisse, le procureur
était dans le droit strict.

Les justes lois ont été faites pour protéger
les secrets de la défense nationale, mais, elles
ont oublié de faire connaître par quoi sont ca-
ractérisés ces secrets, et combien il faut de di-
vulgations, pour qu'ils cessent d'être réputés
tels.

De sorte que, légalement, si une affaire, intéressant la défense nationale, était comme de
tous, moins un, en parler à ce dernier, consti-

tuerait encore le délit d'espionnage, sinon le crime de haute trahison.

Et, comme il y a beaucoup d'affaires qui peuvent passer pour intéresser, directement ou indirectement, la défense nationale, on voit qu'avec une telle jurisprudence, on peut aller loin. Il n'y a donc guère que la mélinite, dont on puisse librement traiter, puisqu'il a été constaté, par jugements définitifs, que Triponé en a vendu la recette à tous ceux qui la demandaient, et que Turpin l'a donnée à tous ceux qui ne la demandaient pas.

Encore, n'est-il pas sûr, qu'un nouveau procureur, plus savant que le premier, ne vienne faire remarquer que depuis la condamnation, des hommes sont nés, parmi lesquels pourrait se trouver, non encore instruit, le moins-unième indispensable à l'accomplissement du délit.

On ne s'étonne plus des fantaisies de la justice, tant civile que militaire. Tout ce qui peut surprendre, dans l'affaire Turpin, c'est qu'un simple particulier ait réussi à faire accepter, par le service de l'artillerie, quelque chose de son cru.

Pour expliquer ce phénomène, il faut savoir que les ingénieurs et agents des Poudres et Salpêtres, bien qu'appartenant au ministère de la guerre, ne sont pas militaires. Ils n'ont pas d'uniforme et sont inscrits sur les listes électorales. Dans ces conditions, ils ne sauraient prétendre à l'infaillibilité, ni au monopole de la science.

Ajoutons que la mélinite, bien que la préparation en soit aujourd'hui universellement connue, a eu peu de succès à l'étranger, où on ne trouve pas cet explosif assez puissant. Même en France, la Marine n'a pas voulu l'accepter pour le chargement de ses torpilles.

De ce qui précède, on est fondé à conclure qu'il y a peu d'intérêt, pour une nation, à conserver le secret des compositions détonantes qu'elle emploie pour l'usage de son armée.

On conçoit mieux que cette pratique ne soit pas pour déplaire aux agents chargés de ce service, ainsi mis à l'abri de toute critique, et qui n'ont plus qu'à se prodiguer eux-mêmes les éloges qu'un public, convenablement stylé, leur ratifie de confiance.

CHAPITRE V

LES FORTERESSES

Le goût des constructions, ruineux pour les
particuliers, ne l'est pas moins pour les États,
surtout quand ils laissent à leurs ingénieurs
l'influence prépondérante dans les conseils, où
se décident la création des nouvelles forteresses et le choix de leur système. On peut être
sûr que ces ingénieurs ne les trouveront jamais
ni assez multipliées, ni assez dispendieuses.

Le tout est de savoir si les avantages que pro-
curent les forteresses, sont en rapport avec les
dépenses formidables qu'elles entraînent.

Dans la guerre qui se poursuit au sud de
l'Afrique, les Boërs possédaient autour de Jo-

hannesburg de magnifiques fortifications, édifiées sur le conseil des ingénieurs européens, construites d'après les systèmes les plus perfectionnés et pourvues du meilleur armement. Ils eurent le bon sens de les abandonner, à l'approche des Anglais. Ceux-ci les occupèrent sans résistance, ce qui n'améliora pas leurs affaires. Au contraire, dans cette même guerre on a toujours vu les troupes, protégées par une simple tranchée, de faible relief et de grand développement, s'y trouver, à peu près, inexpugnables.

Disons, tout de suite, que pour ce qui va suivre, nous mettons hors de cause les ouvrages de défense maritime. Tout le monde est d'accord pour en reconnaître la nécessité et l'efficacité.

La nécessité ne s'en discute pas; on ne peut laisser les arsenaux et les ports à la merci d'une flotte ennemie.

L'efficacité n'est pas douteuse non plus, à condition que ces ouvrages soient puissamment armés.

Un navire ne peut s'approcher d'une côte, autrement qu'à découvert. Son cuirassement le protège, à peu près, contre les coups de plein fouet, mais il reste exposé aux feux courbes, d'autant plus dangereux pour lui, qu'il est plus puissant, parce qu'il offre une plus grande surface à battre.

Les feux courbes, disaient les anciens ingénieurs, sont très redoutables et très redoutés, mais ils sont trop incertains.

Aujourd'hui, depuis qu'on emploie les explosifs et les mortiers rayés, la puissance des feux courbes s'est singulièrement accrue, et ils sont devenus précis.

Dans la guerre des Antilles, la flotte américaine a eu soin de ne s'attaquer qu'à des ports de second ordre, ne possédant que de l'artillerie démodée. Elle n'a eu garde de venir sous le feu des batteries de la Havane, lesquelles étaient sérieusement armées.

Il en est autrement de la fortification terrestre, dont le principe même est très discutable.

Beaucoup de bons esprits en contestent absolument l'utilité, et les raisons qu'ils donnent de leur manière de voir ne sont pas sans valeur. Voici leurs arguments :

Avant l'invention de la poudre, il suffisait d'une haute muraille, flanquée de tours, pour offrir à l'assaillant, une difficulté des plus sérieuses, souvent insurmontable.

Dans ces temps reculés, il n'y avait pas jusqu'aux simples bourgades qui ne fissent les frais d'une enceinte, tous les seigneurs fortifiaient leurs châteaux, et ces refuges offraient de sérieux abris, en cas d'invasion, aux populations avoisinantes.

Mais, quand il fut reconnu que le canon renversait, à distance, les plus fortes murailles, ces bicoques perdirent leur valeur défensive. Il fallut, pour offrir une résistance suffisante, développer considérablement les ouvrages, soutenir les maçonneries avec des terrassements, et les masquer par des contre-escarpes, tous travaux entraînant des dépenses considérables. Par suite, on dut restreindre l'emploi de la fortification à la défense des très grandes villes et à l'occupation des points stratégiques.

On entend, par point stratégique, celui qui commande une route, par où l'ennemi doit nécessairement passer.

Dans ces conditions, le rôle des ouvrages

fortifiés était amoindri, mais leur importance était encore très grande. Seulement, il arriva que les voies de communication se multiplièrent et il en résulta deux conséquences :

D'abord, les points stratégiques cessèrent de l'être, parce qu'on ne pouvait plus barrer tous les passages : quand il y a beaucoup de portes à un enclos, il est inutile d'en fermer quelques-unes, si les autres doivent rester ouvertes.

Ensuite, la facilité des communications ayant permis l'emploi d'armées nombreuses, il devenait impossible de fournir aux garnisons considérables qu'exigeaient les grandes villes, sans affaiblir démesurément les effectifs de l'armée de campagne.

On n'en continua, cependant, pas moins, en France, plus qu'ailleurs, à faire des fortifications. Leurs partisans nous disent que des forteresses sont nécessaires, aux frontières :

Pour offrir des points d'appui et au besoin des refuges temporaires aux troupes de campagne ;

Que, jamais une armée envahissante n'oserait se porter en avant, laissant derrière tout un groupe de forteresses, encore occupées et en état de défense.

Mais, l'expérience prouve plutôt le contraire :

Toutes les fois qu'une armée a livré bataille à proximité d'ouvrages à son drapeau, elle a été presque infailliblement battue ; le voisinage d'un refuge est de trop d'attrait pour les gens qui reçoivent les coups à découvert. Cortez, brûlant ses vaisseaux, connaissait ce danger.

Quant au refuge temporaire, l'expérience montre encore qu'il devient, le plus souvent, définitif, jusqu'à la capitulation prochaine.

On n'a pas vu non plus, à notre époque, que la crainte de laisser en arrière des places encore armées, ait préoccupé l'envahisseur, lequel se contente de les masquer par des troupes légères, et n'en tient autre compte sans qu'il en résulte, pour lui, aucun préjudice.

Bien plus, ces places ne tardent pas à tomber entre ses mains, avec leur matériel et leurs garnisons. Elles ne deviennent dangereuses pour lui, que s'il a l'imprudence de les occuper après les avoir prises.

Napoléon a vu sombrer sa fortune à Leipsig, faute de trente mille hommes. Il en avait le quadruple, à proximité, montant la garde dans les forteresses de l'Elbe, qui ne lui furent d'aucun concours.

On ne peut donc, concluent les détracteurs de la fortification terrestre, considérer une place, à proximité de la frontière, que comme magasin de ravitaillement, mis par ses ouvrages à l'abri d'un coup de main, et qui devrait n'ouvrir ses portes, sinon pour l'entrée et la sortie des convois.

Encore, n'est-il pas certain que ces magasins ne seraient pas mieux situés, au loin en arrière, protégés par la distance, ce que la facilité des transports par voie ferrée permet de faire maintenant.

Sans nous prononcer, entre cette opinion et celle des partisans de la fortification, il n'est pas douteux que, tout au moins, il la faille défendable, et que ses occupants n'aient pas la crainte d'être écrasés, au préalable, sous leurs propres moëllons.

Nous allons examiner si le système de défense qu'on a choisi satisfait à cette nécessité, et, déterminer, d'abord, les conditions que doit remplir la fortification, pour être en état de résister à la puissance actuelle de l'artillerie.

A cet effet, j'observe que le caractère de la fortification s'est constamment modifié, à mesure que la puissance de l'artillerie s'est accrue. Elle n'a cessé de perdre en relief et de gagner en étendue.

Aux donjons et aux tours, ont succédé les boulevards, puis le tracé bastionné, puis le tracé polygonal, puis on a espacé, en poussant vers la campagne des ouvrages avancés, d'abord considérés comme accessoires, et qui ont fini par constituer la défense principale.

En même temps, les ingénieurs s'appliquaient à donner le moins de prise possible aux coups éloignés et à ménager de vastes terre-pleins. De cette manière, on oblige l'assiégeant, pour utiliser son feu, à venir installer ses batteries à courte distance, où le canon de la place peut les contrebattre efficacement.

C'est pour la même cause, que les formations de combat des troupes de campagne, ont subi, progressivement, des transformations analogues. Aux lourdes phalanges de l'antiquité, ont succédé les bataillons, déjà maniables, de Turenne et de Gustave-Adolphe, puis l'ordre déployé, puis l'ordre mince, puis l'ordre dispersé.

L'artillerie ayant réalisé d'énormes progrès, et en réalisant chaque jour davantage, il est donc logique, pour mettre la fortification en état de lui résister, de chercher ses transformations, dans la même suite qu'elles s'étaient imposées auparavant.

Si on prend la question dans cet ordre d'idées, on arrive à quelque chose comme ceci :

Construire des enceintes continues, de très grand développement, et de profil très réduit, constituées seulement par un chemin couvert pour artillerie sur rails.

Et, pour assurer la défense rapprochée, jalonner cette enceinte, de distance en distance, avec des blockhaus cuirassés, armés de canons à balles et à tir continu, tels que le Maxim.

L'expérience de ces engins est faite ; quand ils n'ont rien à redouter des coups de l'ennemi leur action est assez puissante pour arrêter n'importe quelle troupe marchant à découvert ; de plus, installés à poste fixe, ils sont très peu encombrants.

En les mettant sous carapace, cette condition est remplie, les blockhaus doivent, par suite, être protégés, dôme et parois ; ils peuvent être de dimensions très réduites.

Il est clair qu'un pareil dispositif échappe, par sa ténuité, à l'action éloignée de l'artillerie.

L'assaillant ne peut donc avancer, qu'après avoir détruit un ou plusieurs des blockhaus de la défense. Il n'y a rien d'indestructible, pour l'artillerie, pas même un cuirassement, mais, il faut pour l'entamer, du gros canon, tirant de plein fouet et à courte distance.

Et, l'installation de batteries ainsi armées, ne peut être ni prompte, ni facile, parce qu'il y a à lutter, pour les établir, contre toute l'artillerie de la défense, laquelle, étant mobile, peut être amenée, tout entière, au secteur menacé.

Il n'y a plus aujourd'hui que ce moyen d'obliger l'assiégeant à procéder par cheminement ; et on y viendra tôt ou tard.

Ajoutons, que ce genre de fortification offrira l'avantage de n'exiger que peu d'infanterie pour sa défense. Il n'en résultera pas, non plus de dépenses exorbitantes, à cause du faible profil de l'enceinte, et de l'exiguïté des cuirassements.

Ces principes ne paraissent pas avoir inspiré les ingénieurs qu'on chargea, en 1872 et les années suivantes, d'installer aux frontières, tout un nouveau système de défense.

Le type qu'ils adoptèrent fut un ouvrage maçonné très resserré, encombré de constructions diverses, et n'occupant guère, en moyenne, une surface supérieure à trois ou quatre hectares.

Échelonnés sur une ligne de défense, ces ouvrages sont dits forts d'arrêt. Répartis sur un périmètre d'une certaine étendue, ils constituent un camp retranché. Tous ne sont pas identiques, mais tous sont établis d'après les mêmes règles, et il suffit d'en avoir vu un, pour avoir une idée suffisante des autres.

Cette fortification présente l'inconvénient capital, d'être exposée à être détruite, par un bombardement à grande distance.

En effet, l'étendue de l'ouvrage est assez considérable, pour qu'il soit atteint, à coup sûr, même à l'extrême limite des portées, et comme il n'y a pas de terre-plein, chaque projectile qui y tombe donne, nécessairement, son effet utile.

D'autre part, il n'existe pas d'ouvrage fortifié, au voisinage duquel, ne se trouve, dans un rayon de quelques kilomètres, au moins un pli de terrain, défilé des vues de la place.

Il n'en faut pas davantage, pour qu'on puisse amener, à l'insu du défenseur, tout le matériel nécessaire à la destruction de l'ouvrage, et sans même que ce défenseur sache exactement d'où lui viennent les coups, et puisse, par conséquent, riposter avec succès.

Ce danger n'a pas échappé aux ingénieurs, mais, ils ont cru y parer avec des abris maçonnés, couvrant toute l'étendue des ouvrages, moins les espaces strictement nécessaires au passage de l'air et de la lumière, indispensables à l'habitation.

Il n'y a pas d'indiscrétion à le dire, puisque des milliers et des milliers d'hommes ont tenu garnison dans ces forts, et que tous, savants et ignorants, ont eu la même impression : Si toute cette bâtisse tient, on pourra résister, mais si elle ne tient pas, tous ceux qui resteront ici, seront enfouis sous les décombres.

Tout repose donc sur cette question : Les abris maçonnés et terrassés, seront-ils assez solides, pour ne pas s'écrouler, sous l'effet d'un bombardement ?

Cela pouvait se soutenir, à l'époque où furent décidées et commencées les constructions dont il s'agit. On n'employait alors que les obus chargés à la poudre noire. Celle-ci n'est assez puissante, ni pour faire de grands déblais dans les terrassements, ni pour agir comme globe de compression sur les maçonneries, et les entamer, avant qu'elles aient été mises à nu. En raisonnant, étroitement, sur l'armement en service, on pouvait donc alors prévoir une assez longue période de résistance, avant que les ouvrages fussent endommagés au point de ne plus être tenables.

Mais, diverses circonstances étaient déjà de nature à faire réfléchir les ingénieurs, sur la valeur prochaine de leurs constructions. On connaissait plusieurs explosifs et leur puissance, on savait que chaque jour, s'en découvraient de nouveaux, et que partout, des études étaient entreprises, en vue de leur emploi aux usages de l'artillerie.

On savait, aussi, que les résultats d'expérience étaient démonstratifs ; que les études poursuivies n'avaient plus d'autre objet que d'arrêter les choix et de déterminer les meilleures méthodes d'emploi ; que, par suite, le moment était proche où les feux de l'artillerie et particulièrement les feux courbes, allaient devenir incomparablement plus destructifs.

Cela arriva, en effet, quand les fortifications étaient à peine sorties de terre et, dès ce moment, les ingénieurs ne purent ignorer que les travaux qu'ils continuaient d'exécuter, n'étaient qu'un inutile gaspillage d'argent.

C'était aussi le moment de s'arrêter et de signaler franchement la situation : mais, c'était avouer une erreur ; on voit quelquefois un individu s'y décider spontanément ; une corporation, jamais.

Le problème que, dans ces conditions, on a prétendu résoudre, se pose comme celui du tailleur allemand, qui voulait faire ses paletots, à l'épreuve de la balle, en employant les mêmes matières que pour les étoffes ordinaires, mais autrement combinées.

Il se trouve, en Allemagne, des gens sérieux

pour discuter de telles calembredaines : en France, on les applique, sans les discuter.

Car, le problème du Génie, se pose d'une manière identique :

Étant connu, que les obus entament les maçonneries à toute distance ;

Et, que l'explosion de ces mêmes obus disperse les terrassements ;

Combiner la terre et les pierres de façon qu'elles offrent, par leur réunion, une résistance que, seul, aucun des composants ne saurait fournir.

Et, là-dessus, on continua de gaspiller les millions, à la centaine, sans rien changer aux projets primitifs. Seulement, comme il y avait des gens clairvoyants qui manifestaient leur inquiétude, on chargea la presse de rassurer le public.

C'est pourquoi, pas un incident diplomatique ne se produisait, que l'arrangement n'en fût attribué à la possession de frontières, rendues impénétrables, par les ouvrages dont on les avait jalonnées.

Il est probable que, aujourd'hui encore, la France apprendrait périodiquement qu'elle vient d'être sauvée, une fois de plus, par le talent de ses ingénieurs, si, en 1887, ne s'était produit un incident plus grave que les précédents : l'affaire Schnoéblé, qui fit croire un instant à la guerre imminente.

Cette fois, le Génie prit peur, et, envisageant les conséquences terribles qui pouvaient résulter de la confiance injustifiée qu'il avait su inspirer dans ses fortifications, il déclara, tout net, qu'elles étaient devenues insuffisantes; qu'aucun de ses ouvrages n'était en état de supporter une nuit de bombardement ; et qu'il fallait aviser à conduire les opérations, sans tenir compte de cet élément de résistance.

Il donnait, pour excuse : qu'on n'avait pu prévoir l'invention des explosifs, ni les progrès récents de l'artillerie, ni la puissance destructive qui en résultait.

Il y avait dix ans qu'on savait tout cela.

L'affaire Schnaebelé s'arrangea comme les autres, mais l'aveu était fait et on ne pouvait en revenir ; le Génie eut l'adresse de le faire tourner à son profit.

— Nos abris sont devenus trop faibles, dirent les ingénieurs, mais nous n'avons qu'à les renforcer, pour restituer à nos ouvrages toute leur valeur défensive; c'est l'affaire d'une couche de béton : donnez-nous, pour cela, deux ou trois cents millions, ce sera suffisant, pour commencer.

Et, la sarabande des écus est repartie de plus belle, conduite par le même orchestre.

C'est comme si le tailleur allemand avait dit : — Je suis obligé de reconnaître que mon étoffe laine et coton n'est pas encore tout à fait assez solide pour être impénétrable. Mais il m'est venu une idée géniale : je vais y ajouter de la soie, et, cette fois, nos braves guerriers n'auront plus rien à craindre des ennemis et de leurs ridicules escopettes.

Il est certain que la maçonnerie de béton est plus résistante que l'autre, à moins qu'elle n'ait été délitée par les gelées; mais, même à l'état neuf, il s'en faut encore de presque tout, qu'elle puisse fournir une protection efficace. Il n'y a que l'acier pour cela. Le principal mérite du béton est de coûter très cher, et tout ce qu'on peut raisonnablement en espérer, est de prolonger de quelques heures la durée d'un bombardement.

En même temps qu'on y mettait du béton, pour augmenter la résistance passive, on a essayé d'améliorer l'armement des forts, en y installant du canon sous coupole. Il y a là l'indication d'un sentiment juste, celui de la nécessité du cuirassement, dans la fortification actuelle. Mais, ainsi employé, il ne peut être d'aucune utilité à la défense.

Que les canons, soient ou non abrités, ils ne peuvent contrebattre utilement, des mortiers masqués derrière un coteau, et dont l'emplacement n'est pas même exactement connu. Dans un ouvrage en terre et maçonnerie, les coupoles n'empêchent pas les canons qu'elles recouvrent d'être, bientôt, mis hors de service. Si la coupole a été placée au ras du sol, elle ne tarde pas à être enterrée sous les décombres des constructions adjacentes. Si on l'a surélevée par un monticule, c'est le support qui se trouve vulnérable, et les obus viennent chercher les canonniers, sous leur couvercle.

Les coupoles ont en outre, l'inconvénient d'entraîner des dépenses excessives, les canons faisant corps avec le cuirassement, il faut, pour manœuvrer le tout, des machines puissantes, avec le dispositif approprié pour leur alimentation et un autre pour assurer la ventilation, et le moindre coincement peut arrêter le fonctionnement du système.

Tout cela se construit, bien entendu, avec le luxe de précautions, que comporterait la garde d'un secret d'État. On a repris, à ce sujet, les traditions du moyen-âge. Cela s'expliquait, quand l'imperfection des armes de jet permettait de tenter des surprises, et des attaques de vive force.

Dans ces cas, il arrivait souvent que l'existence d'un obstacle ignoré, suffit pour faire échouer la tentative, et on s'explique l'intérêt, qu'il y avait alors, à tenir l'assiégeant dans l'ignorance des moindres détails de la fortification.

Cette considération perdit beaucoup de son importance, quand vint l'époque des sièges réguliers, tels que les inaugura Vauban, et on connaît peu d'exemples de difficultés graves, survenues aux attaques, par rencontre imprévue d'une pièce de fortification permanente.

Néanmoins, la défense pouvait encore espérer dissimuler à l'assiégeant la force de ses réduits, et l'obliger à des reconnaissances dangereuses, pour déterminer la direction des faces à battre d'enfilade.

Mais, aujourd'hui, que tout l'art des sièges consiste à tirer de loin, et dans le tas, pour écraser l'ouvrage à détruire, sous la masse des projectiles, on voit mal quel intérêt pourrait avoir l'assiégeant à connaître le plan détaillé des constructions, qu'il se propose de ravager, par ce procédé brutal, mais efficace. On ne peut lui cacher l'existence d'un ouvrage de fortification, non plus que sa nature et l'emplacement qu'il occupe; il n'en demande pas davantage.

Il semble que tel était aussi l'avis des ingénieurs, du moins à l'origine. Pendant la période de construction des forteresses, édifiées en exécution des plans de 1872, aucune précaution ne fut observée, pour dissimuler quoi que ce fût des travaux. L'accès des chantiers était libre ou à peu près, et les entrepreneurs, maîtres d'y employer qui bon leur semblait. Si, comme il est probable, les puissances étrangères l'ont jugé utile, rien ne leur a été plus facile que de recueillir sur ces ouvrages, les renseignements les plus précis et les plus détaillés.

Ce n'est que plus tard, quand les défauts du système devinrent de plus en plus évidents, qu'apparut, avec une évidence non moins progressive, que le souci de la défense nationale exigeait impérieusement d'interdire à quiconque, d'y aller voir, et surtout d'en parler.

Cependant, le contribuable aurait bien quelque droit de savoir si on lui en donne pour son argent.

Il y a, pour cela, un moyen bien simple, lequel consiste à faire choix d'un ouvrage de fortification, renforcé ou non, et le soumettre, une nuit durant, à un bombardement intense, tel que l'ennemi le pratiquerait, s'il venait à l'attaquer ;

Et, à inviter le public à visiter le lendemain, pour juger de l'effet.

Si l'ouvrage résiste, on en sera quitte pour des réparations, dont le pays acceptera les frais, avec bonheur, en reconnaissance de la satisfaction qu'il trouvera, à cette constatation.

Que si, au contraire, l'ouvrage est anéanti, on n'aura détruit aucune valeur, puisque la nullité en aura été constatée, et ce sera la fin de la danse des millions, avec obligation aux pouvoirs publics, d'avoir à rechercher des moyens de défense plus efficaces et moins onéreux.

Nous avons idée, que le Génie accueillerait cette proposition, sans enthousiasme. Il ne ferait, pourtant, en cela, que suivre l'exemple donné par la Marine.

Périodiquement, les marins font choix d'un de leurs vieux cuirassés, et, en grande cérémonie, les diverses autorités et les représentants de la presse préalablement conviés, le font canonner à outrance et jusqu'à complète destruction, après l'avoir mis dans une condition qui se rapproche le plus possible, des circonstances de la guerre navale.

Chacun peut juger de la puissance des engins de destruction, et du degré de résistance des coques et des cuirassements.

De plus, avant la mise en service, tout navire neuf est soumis à des essais, dont les résultats, bons ou mauvais, sont communiqués à la presse, qui ne ménage pas ses critiques.

Peut-on douter que cette publicité et ces critiques n'aient pour résultat de diminuer la chance de voir les mêmes erreurs se reproduire, et de laisser construire de nouvelles unités, manquant de puissance offensive ou défensive, de stabilité ou de vitesse ?

A-t-on vu que cette publicité et ces critiques aient eu, pour effet, d'enlever aux matelots, la confiance dans leur matériel et dans leurs chefs ? N'est-il pas évident, au contraire, que cette confiance ne peut que s'accroître, par la certitude que le navire qu'ils montent remplit bien les conditions exigibles, sans quoi, les imperfections en auraient été signalées ?

Veut-on un exemple tangible de l'utilité de cette publicité et de ces critiques ? En 1870, la Marine avait, depuis longtemps, adopté pour ses canons, le chargement par la culasse, que l'artillerie de terre s'obstinait à proscrire : et lorsque, celle-ci, contrainte par les événements, se décida à suivre l'exemple, ce fut à la Marine qu'elle dut emprunter son système de fermeture et bien d'autres choses encore.

De bonne foi, peut-on invoquer une raison ou un prétexte, pour soutenir la nécessité du mystère, au sujet des ouvrages de fortification, qui ne s'applique, pareillement, aux vaisseaux de guerre, qui sont des forteresses mobiles ?

Nous venons de voir que les marins sont d'opinion toute différente, et il faut les en féliciter; d'autant plus, qu'il leur serait facile, à eux, de tenir secrets leurs mécomptes, lesquels ne sont reconnus, au loin, que par un petit nombre d'agents techniques. C'est que cette critique, ils la savent utile et nécessaire, et n'hésitent pas à la provoquer, au risque de souffrir de ses excès.

Il est remarquable que la presse qui enregistre avec le plus de zèle les comptes rendus de la Marine, souligne ses mécomptes avec satisfaction, et lui reproche le plus cruellement ses erreurs, est justement celle qui pousse des cris de mort, si un malheureux promeneur est trouvé nanti d'un crayon, au voisinage d'un fort. Il n'en faut pas davantage, pour qu'on l'accuse d'avoir voulu reconnaître un terrain dont la carte se vend vingt sous, chez tous les libraires, beaucoup plus exacte qu'il ne pourrait la lever.

C'est à faire croire que les marins ont le tiroir aux fonds secrets mal garni ou mal facile.

Mais, qui veut-on tromper, avec ces mani-
gances ?

Pas les gens de métier, assurément. On vient
de voir qu'il suffit de raisonner, sur des circonstances notoires, pour montrer qu'il y a les
meilleures raisons de craindre, que toute cette
fantasmagorie de constructions, aboutisse au
plus lamentable avortement.

L'étranger ? Encore moins ; puisqu'il possède
des moyens spéciaux d'investigation, et la facilité de faire, pour sa gouverne, les expériences démonstratives, qu'on semble ne pas
oser faire, en France, dans la crainte d'être
obligé d'en livrer les résultats.

Alors, c'est le peuple, qui croit et qui paie,
et dont il importe d'entretenir la croyance,
parce que, sans cela, il ne voudrait plus payer.

Très pratique, du reste, le procédé qui
permet d'éviter la discussion, en supprimant
l'argument, sous prétexte de sauvegarder
des secrets, qui n'ont pas de raison d'être, puisqu'il n'est ni possible, ni avantageux de les
conserver.

CHAPITRE VI

LA MOBILISATION

La mobilisation est un acte de guerre ; c'est l'opération destinée à constituer les armées de campagne, avec tous les organes qu'elles comportent, et à les amener sur les territoires, où elles auront à manœuvrer et à combattre.

Comme tout acte de guerre, une mobilisation s'opère donc dans des conditions qui ne peuvent être arrêtées d'avance ; on ne peut prévoir si elle sera totale ou partielle, ni où il conviendra de porter l'effort principal. Tout cela est surbordonné aux circonstances politiques, aux alliances, à la violation ou au respect des neu-

tralités, à la supériorité maritime, aux diver-
sions possibles.

L'œuvre du temps de paix ne peut donc
consister qu'à déterminer les meilleures méthodes pour mettre promptement les troupes à
leurs effectifs de guerre et les pourvoir des
chevaux et du matériel de complément ;

Et, à étudier, au point de vue de leur rende-
ment, les voies de transport, de manière à
diriger, avec ordre et célérité, troupes et matériel, sur une destination quelconque, puisque
cette destination ne pourra être fixée que suivant les circonstances ultérieures.

Comme on fait, en France, un mystère pro-
fond de tout ce qui se rapporte aux mesures
arrêtées en vue de la mobilisation, nous allons
d'abord établir que ce mystère n'a point de
raison d'être, parce que le problème à résoudre
repose sur des données, dont aucune ne peut
être tenue secrète.

Toute formation à mobiliser se compose, en
outre, de son matériel de guerre :

Des effectifs sous les drapeaux ;

Et du complément à y adjoindre ; c'est-à-dire,

des hommes dans leurs foyers, à réunir dans les centres de rassemblement, pour y être armés et équipés, et des chevaux à provenir de la réquisition.

En ce qui concerne la réunion de ce complément, il n'y a qu'une question intéressant l'ennemi : le temps nécessaire pour l'accomplir.

Peut-on empêcher la puissance étrangère d'évaluer le temps nécessaire à cette opération ?

Evidemment, non, puisqu'elle connaît, aussi bien que nous, nos ressources et leurs emplacements, et qu'elle a, d'ailleurs, le même problème à résoudre pour son propre compte.

Ce ne sont, il est vrai, que des évaluations, mais, nous n'en avons pas davantage, puisqu'on n'a jamais fait la grande expérience de mobilisation, qui seule pourrait donner des résultats certains. Et, l'eût-on faite, on n'en serait pas plus avancé, au point de vue de la possession exclusive des notions acquises, car les résultats seraient encore connus de tout le monde.

A moins d'admettre que nos bureaucrates, ayant inventé des procédés inédits, pour faire voyager les réservistes en ballon, et les habiller à l'électricité, et ne tremblent de voir l'étranger s'approprier les produits de leur génie;

On ne conçoit rien qui puisse motiver le secret des dispositions pour l'appel et l'incorporation des gens de complément : on risque seulement de compromettre l'opération, en ne donnant à chacun, sous ce prétexte, que des renseignements insuffisants, sur la fonction qu'il devra remplir.

Restent les transports vers la frontière.

Ici, encore, l'étranger n'a aucun besoin de connaître les dispositions adoptées pour savoir ce qui l'intéresse :

Tout, en effet, se ramène à des questions de tonnage et d'exploitation des voies ferrées.

On connaît la composition des corps d'armée, on sait ce qu'il faut de wagons, pour transporter chacun d'eux : hommes, chevaux et matériel.

D'autre part, l'existence et l'emplacement des voies ferrées ne sont pas dissimulables, leur état d'entretien et leurs ressources, non plus, le mode d'exploitation ne peut avoir rien de secret ; le nombre de trains qui peuvent être mis en mouvement, par jour, est donc facile à déterminer.

L'ennemi éventuel est donc aussi parfaitement fixé que nous-mêmes, sur les époques où pourront arriver les troupes à lui opposer et sur leurs effectifs. Ses appréciations, à ce sujet, n'ont ni plus ni moins de chances d'être exactes que les nôtres, parce que, là encore, on ne pourrait être renseigné exactement, que par une expérience d'ensemble, qui n'est pas praticable. C'est pourquoi, les horaires détaillés, qu'on a voulu préparer, avec indication de la minute de départ et d'arrivée du moindre détachement, ne sont que ridicules.

On ne peut donc espérer tenir secrètes que deux choses :

L'ordre dans lequel les troupes doivent arriver aux frontières ; c'est-à-dire que l'ennemi pourra ignorer si le second corps d'armée doit précéder le premier, ou inversement, ce qui lui est, d'ailleurs, tout à fait indifférent.

Et les lieux de destination des différents éléments, qui doivent concourir à former les unités, stratégiques et tactiques, autrement dit : les points de concentration.

Il y a donc des points de concentration fixés par avance ?

Hélas !

Cela ne serait déjà pas concevable, si on était assuré de prendre l'offensive. Car, l'offensive, elle-même, est subordonnée aux dispositions de l'ennemi : on ne lance pas une armée dans le vide, avec son flanc menacé par une force intacte ;

Encore moins concevable, si on doit rester sur la défensive. On ne peut prévoir assez exactement les projets de l'adversaire, pour déterminer, par avance, les forces à opposer à ses diverses attaques. Si on essaye de le faire, on sera obligé, au dernier moment, d'opérer des mouvements de flanc, pour renforcer les points trop faibles, ce qui offre les plus graves dangers, en présence d'un ennemi actif.

Cette situation préoccupait, au plus haut degré, le général de Miribel, homme intègre et laborieux, qui tenta de l'atténuer, et mourut à la peine.

Son système consistait à préparer, sous le titre de variantes, plusieurs plans de concentration, correspondant aux hypothèses les plus probables, et, entre lesquels on pourrait choisir suivant les circonstances.

A l'époque de cette tentative, le plan unique, qu'on avait d'abord établi, avait déjà été, sous prétexte d'en arrêter les plus minces détails, porté à un invraisemblable développement.

De sorte qu'il n'était plus possible, à moins d'un travail excessif, de le doubler d'un autre, établi sur les mêmes bases, et, à plus forte raison, d'en ajouter un troisième ou davantage.

Mais, à supposer que le général de Miribel eût réussi à mener à bien ses immenses travaux, le résultat était encore loin de correspondre aux nécessités à satisfaire.

— Quand l'ennemi, disait Schornhorst, ne dispose que de trois routes, pour atteindre son objectif, tenez pour probable qu'il arrivera par une quatrième.

Pour prévoir tous les cas, trois ou quatre plans de concentration seraient loin de suffire : il en faudrait un beaucoup plus grand nombre, et alors, on tombe dans une autre difficulté.

Que l'ennemi, par de fausses démonstrations, ait trompé sur ses intentions véritables, ainsi qu'il arrive presque toujours;

Il devient nécessaire de passer, en cours d'exécution, du plan, d'abord préféré, à un autre qui n'est pas plus élastique, ce qui jette dans une confusion, d'autant plus inextricable, que chacun des deux projets a été établi, avec plus de soins et de détails.

Nous allons faire voir comment une fausse conception de début a conduit à une situation aussi fâcheuse.

Le choix des mesures, les plus convenables pour assurer la prompte mobilisation des forces militaires d'un pays, dépend essentiellement, de sa situation géographique et politique, par rapport aux puissances avoisinantes.

Si on remarque, par exemple, que l'Allemagne se trouve en contact, à l'est, à l'ouest et au sud, avec des puissances de premier ordre ; qu'elle est dépourvue de frontières naturelles, et envahissable, même par le Danemarck ;

On voit que cette nation n'a aucun moyen de prévoir de quel côté il faudra faire front, et même, s'il ne faudra pas faire front de plusieurs côtés à la fois.

Dans ces conditions, elle ne peut que répartir

son armée, uniformément, ou à peu près, sur l'étendue de son territoire, en se bornant à renforcer les sections qui paraissent les plus exposées.

Il en est autrement de la Russie, qui n'a rien à craindre, ailleurs que sur sa frontière ouest. Dans ce cas, le sens commun indique, que c'est de ce côté, qu'il faut tenir en permanence, la plus grande partie des forces ; c'est pourquoi, les trois quarts de l'armée russe tiennent garnison en Pologne.

Les avantages d'une telle disposition, quand elle est possible, sont des plus considérables.

Non seulement, on tient constamment disponibles, au voisinage de la zône certaine d'opérations, des masses assez grandes, pour assurer la supériorité du début, sur un adversaire moins bien disposé.

Mais encore, la présence permanente de ces forces, permet de tenir sous leur garde, sans crainte d'un coup de main, la totalité du matériel et des approvisionnements nécessaires aux armées de campagne.

De sorte que la mobilisation générale, ne consistant plus qu'à faire expédier par les dépôts de l'intérieur le personnel et les chevaux de complément, se trouve considérablement abrégée.

La situation de la France, qui n'a de frontière dangereuse que celle du nord-est, est, au point de vue de la mobilisation, encore meilleure que celle de la Russie, le réseau des voies ferrées y étant plus développé.

Il semble donc qu'on aurait dû adopter des dispositions analogues, pour en tirer les mêmes avantages ; il n'en a rien été ; et c'est le système allemand qui a prévalu : l'exemple du vainqueur, applicable ou non, étant réputé le meilleur.

Par suite de quoi, on a abandonné, bénévolement, une supériorité qui aurait pu être décisive et, en plus, on s'est mis en état permanent d'infériorité.

Le réseau français est, en effet, mal disposé pour faire, rapidement, des transports considérables vers les frontières ; toutes les voies de grand trafic viennent converger sur Paris, qui se trouve ainsi point d'encombrement et oblige d'allonger les parcours. La création de lignes stratégiques atténue, très incomplètement, la situation, parce que ces lignes sont à faible trafic normal, et ne peuvent passer du jour au lendemain, au mouvement intense qu'exigeraient des opérations de concentration. On s'est encore préparé là à très grands frais, de cruels mécomptes.

Au total, six à dix jours perdus, tant par abandon de la supériorité qui devrait résulter de la position géographique, que par la disposition défectueuse de notre réseau ferré.

Ce premier vice d'organisation est imputable en grande partie, à la politique, c'est-à-dire, à la nécessité de donner satisfaction aux municipalités, qui réclament toutes des garnisons. Trop de musiques militaires à Nancy et pas assez de valseurs à Périgueux : on a renversé des ministères pour moins que cela.

Cependant, il est permis de croire, que si l'opinion publique avait été éclairée par une presse compétente et indépendante, on aurait passé outre à ces questions de clocher.

Au moins, si les organisateurs de la défense nationale ont été obligés de subir des influences regrettables, ont-ils réussi à tirer le meilleur parti d'une situation ainsi compromise ?

Nous allons voir que non.

— Gardons-nous, ont-ils dit, de confondre le passage au pied de guerre, avec le transport des formations vers le théâtre des opérations. Ce sont choses qui ne sauraient être que successives. Sans cela, on risquerait de créer la confusion, qu'on ne saurait trop redouter.

En conséquence, quand la guerre éclatera, toutes les troupes resteront sur leur territoire. On attendra, pour les mettre en mouvement, que le passage au pied de guerre soit achevé, que tout le complément soit incorporé, et que le dernier cheval de la réquisition soit prêt à être attelé à la dernière voiture.

— Mais, fut-il objecté, en attendant que votre dernier réserviste ait achevé de boutonner son dernier bouton de guêtre, il s'écoulera assez de temps pour permettre aux armées ennemies d'envahir la moitié du pays.

— Nous y avons pourvu. Nous allons murer la frontière, de manière à la rendre infranchissable, pendant tout le temps nécessaire à la mobilisation. Le Comité du Génie vient d'arrêter un projet de fortification qui coûtera un peu cher, mais qu'il assure donner la sécurité absolue.

— Pourtant, étant admis que le Génie mène à bien cette œuvre étonnante, il est peu probable que la ligne des défenses suive exactement celle de la frontière. Il restera en dehors une zône non protégée, peut-être des grandes villes. Allez-vous abandonner tout cela, sans essayer de le défendre ?

— C'est très regrettable, assurément. Mais, il faut savoir faire des sacrifices. Tout, plutôt que la confusion, qui est l'abomination de la désolation.

Ainsi fut décrété l'établissement de la barrière infranchissable. Et on prit au sérieux cette fiction, avec calcul, à coups de logarithmes, de la durée minima de résistance.

Après quoi, on se mit à travailler le plan de mobilisation pour regagner des minutes, sur les semaines perdues.

Dans ce but, on s'occupa de régler, dans leurs plus minces détails, toutes les opérations à effectuer. Chacun fut tenu d'établir son journal ; c'est-à-dire, le relevé, pour tous les instants, de tout ce qu'il prévoyait avoir à faire, avec accompagnement obligé de carnets, états, fascicules, registres, et autres paperasseries.

L'Etat-Major fut chargé de régler, par le menu, tous les mouvements à opérer, avec le même luxe de détails et de papier. Cela, évidemment, ne se pouvait faire qu'à condition de connaître les destinations exactes de chaque détachement, ce qui nécessite la détermination préalable des points de concentration. L'impénétrabilité du mur-frontière, étant article de foi, cette détermination anticipée devenait logique : derrière une barrière infranchissable, on peut impunément tout se permettre.

Et, de plus, on supprima les dépôts.

Le dépôt est l'organe essentiel d'une mobilisation, c'est lui qui donne l'élasticité indispensable. Son existence permet d'utiliser, dès la première heure, tout ce qu'on a de disponible : il reste chargé d'expédier le matériel, de rassembler et conduire à destination les renforts et compléments, hommes et chevaux ; c'est lui qui porte son corps actif au complet de guerre et l'y entretient.

Mais, si on admet que ce même corps actif restera dans les garnisons, jusqu'à parachèvement du passage au pied de guerre, on ne peut mieux l'occuper, qu'à faire toutes les opérations

qui, sans lui, incomberaient au dépôt : on peut
se passer de ce dernier. C'est la logique dans
l'absurde.

Cependant, quand, en 1887, on fut obligé
d'abandonner la fiction du mur infranchissable,
toutes ces belles théories tombèrent à plat, et
il semblait à propos de reprendre toute l'organisation, pour l'établir à nouveau, sur des
bases plus rationnelles. Mais il n'est guère
moins pénible d'avouer qu'on a partagé l'erreur
d'un autre que de reconnaître la sienne propre;
le Génie, d'ailleurs, promettait de mettre du
béton, par la vertu duquel la barrière allait reprendre toute sa valeur défensive. On se contenta de recourir à des expédients, pour clore la
frontière, à quoi les moëllons étaient reconnus
ne plus suffire.

D'abord, on créa les régiments régionaux, à
raison de un par corps d'armée, recrutés sur
l'ensemble de la région, et jugés plus mobiles
que les régiments subdivisionnaires.

Cette création est de valeur contestable. Dans
une armée qui pèche par les cadres inférieurs,
il est toujours risqué d'accroître le nombre des
unités, parce que la masse en est énervée d'au-

tant. De plus, pour donner la mobilité à ces formations, et permettre de les tenir éloignées de leur territoire d'attache, il faut adopter des règles spéciales, pour le recrutement, la réunion, l'armement et le transport de leurs contingents, et, en l'absence de dépôts, il en résulte des complications fâcheuses. En tous cas, la création était loin de fournir des ressources suffisantes.

Ensuite, on décida que les troupes des frontières auraient leurs effectifs renforcés.

Cette mesure est franchement mauvaise. On ne peut renforcer une troupe, sinon aux dépens d'une autre, dont le noyau permanent, devenu trop faible, n'est plus en état d'absorber son complément de guerre, mais est absorbé par lui. On arrive ainsi à ne plus avoir qu'une troupe sans cohésion.

Enfin, on décida l'envoi immédiat, le cas échéant, de troupes de couverture, obtenues par la mobilisation partielle de certains régiments de l'intérieur : grave accroc à la règle de l'immobilité provisoire.

On ne connaît que le principe d'après lequel sont constituées les troupes de couverture.

Les mesures d'exécution rentrent dans le domaine des fameux secrets, et nous n'en pourrions traiter ici.

Mais, nous pouvons examiner le principe et chercher à nous rendre compte des difficultés que sa mise en pratique, doit, inévitablement, faire naître.

Il est présumable, que le premier échelon à mettre en mouvement, devra, pour offrir un effectif convenable, se renforcer en empruntant à l'élément permanent du second, lequel, en revanche, opérera pour le compte du premier, en lui rassemblant son complément en même temps que le sien ;

Et qu'il devra être, ultérieurement, procédé à un nivellement entre les deux, par échange de personnel et de matériel, les unités étant déjà aux prises avec l'ennemi ;

On doit prévoir encore que ces premiers échelons, venus d'un peu partout, seront groupés, en formations provisoires, ressortissant à des commandements temporaires, pour rentrer ensuite dans leur groupement normal, si les circonstances le permettent.

Il est à penser que l'application de telles

idées, avec la prétention qu'on a de tout régler d'avance, par le menu, amènera un en-
chevêtrement excessif d'ordres de toutes
sortes, avec l'accompagnement obligé de ta-
bleaux, fiches et états, ainsi que des instructions générales, spéciales, explicatives, rectificatives, supplémentaires et autres.

Le tout, pour prévenir la confusion, qui est
l'abomination de la désolation.

Nous voulons croire qu'il y a concordance
parfaite, dans toutes les mesures d'ensemble
et de détail ; en tout cas, il est permis de penser qu'un tel agencement est dépourvu de
toute élasticité, incapable de se prêter aux
modifications que peuvent exiger les circonstances, et qu'un accident, survenant à une des
parties du mécanisme, doit compromettre le
fonctionnement du reste.

Il suffit pour se rendre compte de ce danger
d'examiner les difficultés, avec lesquelles on
s'est trouvé aux prises, dès qu'on a eu besoin
de faire des troupes métropolitaines, un emploi autre que celui-là, précisément, en vue
duquel les plans de mobilisation avaient été
arrêtés.

Depuis 1870, le département de la Guerre a organisé trois expéditions : celles de Tunisie et du Tonkin, avant la date mémorable de 1887, et celle de Madagascar, postérieurement.

Déjà, pour les deux premières, il fut impossible de mettre en campagne des régiments entiers ; il fallut détacher des bataillons et les grouper en régiments de marche, organisation défectueuse, mais présentant encore une cohésion suffisante, pour l'ennemi qu'on allait combattre. On put, ainsi, mettre en mouvement des forces importantes ; on envoya de France en Tunisie près de cinquante bataillons.

Mais, quand il s'agit de former le corps expéditionnaire de Madagascar, les plus graves difficultés surgirent. Le mécanisme de la mobilisation était devenu si compliqué, qu'on ne pouvait plus en retirer un seul rouage, sans mettre le tout dans l'impossibilité de fonctionner.

On avait décidé d'envoyer une division complète.

La Marine, obligée de pourvoir à la garde des Colonies, ne put fournir que trois bataillons ;

Elle en improvisa trois autres avec des noirs ; la plupart racolés sur la côte des Somalis, et qu'on décora du titre de volontaires ; les autres tirés de la côte occidentale d'Afrique et recrutés, à peu près, de la même manière.

L'armée d'Algérie ne put donner, non plus, que trois bataillons. Elle aurait pu détacher davantage, si, dans cette colonie, une insurrection n'était toujours à craindre. Cela ne permet pas d'affaiblir sensiblement les troupes locales, qui doivent y faire face, avec leurs seules ressources, aucun renfort ne pouvant arriver de la métropole, où l'armée est immobilisée par son plan de mobilisation.

On se trouva donc obligé d'avoir recours à celle-ci, pour les quatre bataillons restant à trouver. Comme on ne pouvait déplacer aucun de ceux qui existaient, pour les causes susdites, force fut de les créer de toutes pièces, en faisant une sorte de levée, volontaire ou soi-disant telle, sur tous les corps organisés.

Au reste, les malheureux qui eurent l'honneur de partir, furent mal payés de leur zèle, et la plupart, passés par les armes de l'impéritie, sans même la satisfaction d'avoir tiré un coup de fusil.

Il n'est pas besoin de faire remarquer combien sont défectueux de pareils procédés, pour organiser une expédition, les gaspillages et les retards qui en résultent, le manque de cohésion entre tous les organes, faits de pièces et de morceaux, juxtaposés plutôt qu'assemblés, et quel affaiblissement subit, dans ce cas, la masse de l'armée, qui perd, par les prélèvements de cette nature, ses éléments les plus actifs et les plus vigoureux.

Que doit-on penser d'une organisation qui nécessite des expédients aussi étranges, dès que se présente une circonstance imprévue ? Et, ne sait-on pas, qu'à la guerre, tout est circonstance imprévue ?

Voilà une question à laquelle il est plus facile de ne pas répondre, et le secret de la défense nationale fournit un moyen bien commode de s'en dispenser.

Aussi n'est-il pas surprenant que, plus apparaissent évidentes les conséquences fâcheuses des vices d'organisation dont nous avons tenté de donner l'idée, plus se manifeste la tendance à les mettre hors de discussion, en enveloppant les moindres détails, d'un mystère impénétrable.

Ainsi s'explique la marée montante des documents confidentiels, très confidentiels, secrets et ultra-secrets ; sous doubles cachets et triples serrures.

Et comment on en arrive à faire des affaires d'État, avec la manière d'arrimer les casseroles dans une cantine, ou d'aller toucher son mandat, chez le payeur, avant de partir pour la guerre.

Et comment, sous prétexte de réprimer l'espionnage en temps de paix, on en vient à des mesures d'étouffement de plus en plus accentuées, dont nous allons mettre en évidence le véritable caractère.

CHAPITRE VII

L'ESPIONNAGE

La guerre est presque aussi ancienne que le
monde, et l'espionnage, aussi vieux que la
guerre. Néanmoins, il a fallu attendre l'an de
grâce 1886, pour qu'on s'avisât, en France,
qu'il convenait de faire des lois pour s'y opposer, dès le temps de paix. Jusque-là, on n'en
avait eu que pour l'état de guerre, d'ailleurs
draconiennes.

Cependant, cette grave question a dû préoccuper, aussi, les anciens gouvernants, qui n'ont
pas toujours été des gens imprévoyants et incapables. On peut même dire, sans irrévé-
rence, que beaucoup d'entre eux pourraient

soutenir, avantageusement, la comparaison avec les politiciens d'aujourd'hui. Plusieurs ont même laissé une réputation incontestée de génie.

Si, à ceux-là, quelqu'un avait proposé de faire une loi contre l'espionnage, en temps de paix, ils en auraient conçu une mince opinion de sa clairvoyance.

C'est qu'alors, quand on découvrait un espion, on se gardait bien de le gêner dans l'exercice de sa profession, on se contentait de surveiller, discrètement, ses relations, ce qui, d'habitude, faisait découvrir ses confrères, envers lesquels on usait de la même délicatesse.

Quand la guerre éclatait, on faisait ramasser les uns et les autres, et on les pendait au petit jour, sans souci outré des formes juridiques.

C'était classique et pratique, et avait pour résultat de désorganiser le service d'espionnage de l'ennemi, au moment même où il lui devenait nécessaire.

Aujourd'hui, quand un de ces agents est signalé, on l'appréhende bruyamment, et on l'envoie en prison pour quelques années, à l'applaudissement général.

Car, tout le monde est satisfait, sauf, peut-être, le maladroit qui s'est laissé prendre :

Les exubérants de patriotisme, qui ont l'occasion de se livrer à leurs démonstrations habituelles;

Le peuple, heureux de constater la vigilance de ses dirigeants;

Et surtout, le commanditaire de l'espion, qui le remplace par un autre, enchanté qu'on ait la graciouseté de l'avertir, chaque fois qu'un de ses agents est découvert, ce qui lui permet de compter que son service marchera, au mieux, quand le moment sera venu.

Le plus clair résultat d'une loi sur l'espionnage, en temps de paix, est de le rendre infiniment plus dangereux, parce qu'elle assure son parfait fonctionnement pour la guerre.

Aussi, l'espionnage n'est-il, ici, que le prétexte; et il suffit d'analyser la loi de 1886, pour comprendre que ses auteurs ont eu toute autre chose en vue.

Le fait d'espionnage suppose, avant tout, connivence avec l'étranger; et ce qu'on poursuit, c'est la divulgation, faite de bonne foi ou non, de tout ce qui peut passer pour se rapporter aux secrets de la défense nationale.

En réalité, ce qu'il s'agit d'étouffer, c'est la libre discussion, et nous allons le mettre en évidence :

A l'époque où fut votée cette loi, on commençait seulement à se rendre compte des vices de notre organisation militaire et de ses conséquences. La discussion n'en paraissait pas encore très dangereuse pour les organisateurs ; on trouva que le délit n'était pas des plus graves, et on ne le taxa qu'à quelques années de prison.

Mais, bientôt, les résultats de la fausse organisation devenant de plus en plus flagrants, il fallut recourir à des moyens plus rigoureux pour les empêcher d'éclater.

On commença par chercher des sanctions plus sévères, et, en torturant les textes, on tenta d'assimiler l'espionnage, à la haute trahison ; crime politique qui consiste à fomenter des troubles, pour faire le jeu d'une puissance étrangère, belligérante ou sur le point de le devenir.

La peine de mort étant abolie en matière

politique, cette solution fut encore trouvée trop douce, et, tout en surchauffant l'opinion publique, on mit en préparation une nouvelle loi qui permît de frapper les délinquants de la peine capitale.

De sorte que le même fait, qui n'était pas seulement délictueux avant 1886, serait devenu en quinze ans, par une série de transformations juridiques, le plus infâme des crimes.

C'était de l'affolement.

Si ce projet s'était réalisé, on aurait reconstitué, en pire, le tribunal révolutionnaire, de macabre mémoire.

Ce tribunal envoyait les gens à l'échafaud pour cause de modérantisme : crime qui n'était ni défini, ni définissable.

On les y eût envoyés pour divulgation de secrets, qui ne sont, eux non plus, ni définis ni définissables ; la divulgation pouvant résulter d'un geste, d'un mot, ou du port intempestif d'un carnet ou d'une lunette.

Les mêmes causes amènent les mêmes effets. Quand les hommes au pouvoir se sentent compromis, par leurs erreurs ou par leurs fautes, ils ont une singulière tendance à ne pas trouver plus grand crime que la critique de leurs actes, et à recourir à tous les moyens, pour l'empêcher.

Encore, le tribunal révolutionnaire offrait un semblant de garantie. L'audience y était toujours publique, et il acquittait quelquefois.

On a comblé cette lacune, et les lois, soi-disant dirigées contre l'espionnage, autorisant le huis-clos, le ministère public ne manque jamais de le réclamer.

Il donne à cela deux motifs.

D'abord, la nécessité de ne pas compromettre les agents secrets, qui ont mis sur la trace du fait incriminé.

L'argument ne manquerait pas de valeur, si ces agents avaient à comparaître dans un procès, ou si on pouvait y apporter leurs déclarations et leurs rapports. Mais, il n'en est rien. Un agent secret peut inspirer confiance à celui qui l'emploie, il n'existe pas, aux yeux de la justice, parce que ses écrits et ses dires sont, par eux-mêmes, entachés de suspicion. C'est un simple indicateur, qui met sur la trace des faits à rechercher, mais dont la constatation appartient aux seuls agents réguliers et aux témoins indépendants. Ceux-ci, opérant à ciel ouvert, n'ont rien à redouter des indiscrétions.

Jamais, on n'a eu l'idée de présenter devant un tribunal, à titre de preuve ou de justification, les fiches d'une agence Tricoche et Cacolet, fût-elle à la solde de l'État.

Ensuite, on fait valoir le danger qu'il y aurait à rendre publics des débats sur des questions de cette nature, où l'étranger pourrait trouver les renseignements qu'on tient à lui cacher.

Nous avons déjà montré ce qu'il fallait croire de ce prétendu danger; cependant, nous allons faire la partie belle, et admettre qu'en effet, il importe de laisser inconnu du public le plan de la forteresse que l'espion était en train de lever, ou le document qu'il avait dérobé, et dont il se préparait à faire l'envoi à ses correspondants, au moment où il a été pris.

Rien de tout cela ne concerne le procès.

On y discute et on y établit comment l'espion a été surpris, faisant son tracé ou sa photographie, tracé et photographie qui se trouvent aux pièces de conviction et que le public peut apercevoir du fond de la salle, mais dont l'œil le plus perçant ne saurait découvrir la signification.

Si l'espion a travaillé sur des documents, on recherche, au cours du procès, comment a été saisi, dans la poche de l'inculpé, l'original qu'il avait réussi à dérober, ou la copie qu'il en avait prise, mais on n'en donne pas la teneur, qui n'importe en rien à la procédure; il suffit que la pièce ait fait partie des archives secrètes d'un ministère ou d'un service, et que la preuve du détournement soit jugée suffisante.

A moins de lire à distance, à travers les enveloppes des dossiers, le public ne peut donc rien savoir de ce qu'il y a lieu de cacher, et qui reste toujours en dehors du procès.

Le huis-clos, dans les affaires d'espionnage, ne se justifie donc par aucune raison sérieuse.

Ce qu'on craint, le voici :

Que le défenseur, se basant sur la seule nature des documents, ne démontre que la divulgation en serait sans inconvénient.

Supposons, par exemple, qu'il s'agisse de la fameuse Note sur le frein hydraulique du canon de 120, dont il a tant été question dans l'affaire Dreyfus. Le défenseur aurait toute facilité de faire observer :

Que le frein hydraulique, pour les bouches à feu, est connu et employé dans les cinq parties du monde ;

Que les particularités qui peuvent distinguer son adaptation au canon de 120, n'offrent d'intérêt que pour ceux qui ont à manœuvrer cette pièce ;

Que, d'ailleurs, les descriptions les plus détaillées s'en trouvent dans les ouvrages étrangers et même dans certaines publications françaises, dont les auteurs ne sont pas recherchés, parce qu'ils ont adopté la forme laudative.

Que, par suite, l'inculpé de la divulgation peut avoir eu des intentions blâmables, mais que son acte n'a pu causer aucun préjudice sérieux.

Et, comme il n'y a pas de secret d'organisation dont on ne puisse démontrer, soit l'impossibilité qu'il y a de le garder, soit l'insignifiance, le huis-clos, toujours demandé dans les affaires de ce genre, est toujours prononcé, ce qui ne fait pas l'affaire de la défense :

Car, c'est un fait inexplicable, mais constant, que les arguments juridiques les plus péremptoires, lorsqu'ils ne risquent pas d'être publiés, perdent considérablement de leur valeur.

On va demander pourquoi, si l'espionnage offre si peu d'avantages, en temps de paix, toutes les puissances rivales entretiennent les unes chez les autres, à grands frais, pour cet objet, un personnel à demeure?

C'est qu'on a des espions, en temps de paix, comme on a des soldats, pour s'en servir en temps de guerre.

Il est probable que le gouvernement voisin entretient, à Nancy, si vous voulez, un agent secret, sinon plusieurs, avec mission de le renseigner sur ce qui se passe, surtout dans les services militaires de la place.

En temps ordinaire, les rapports de ce genre, n'apprennent rien à l'état-major intéressé, qui sait à quoi s'en tenir, sur la force de la garnison, et ne met pas en doute que les troupes fassent régulièrement leurs exercices, que les chefs y veillent et que les approvisionnements soient entretenus et renouvelés.

Le seul intérêt qu'il y trouve est de constater que son agent est à son poste, qu'il suit attentivement ce qui se passe et que sa communication fonctionne bien.

Ce n'est que le jour où la garnison de Nancy, renforcée du double, ayant précipitamment endossé ses collections de guerre et formé ses convois, aura été mise en marche, que l'espion entrera en service utile, et son gouvernement n'aura pas à regretter le coût de son entretien pendant une longue période; s'il n'est pas pris dès le premier jour.

On va, encore, demander pourquoi, les puissances étrangères ont aussi, et depuis plus longtemps que nous, des lois sur l'espionnage, destinées, comme chez nous, à empêcher, en tout temps, la divulgation des détails de leur organisation militaire ?

C'est qu'il est dans la nature des gouvernements autocratiques de ne pas tolérer la discussion de leurs actes.

Au fond, c'est la même raison qu'en France; mais, comme on le verra plus loin, les conséquences en sont bien différentes.

Il n'est pas certain, du reste, que les lois

dont il s'agit, soient régulièrement appliquées, à l'étranger, et diverses circonstances feraient penser le contraire :

Quand on suit attentivement les procès de cette nature, qui se déroulent dans les autres pays, on remarque qu'ils s'appliquent presque toujours, à des militaires appartenant à l'armée de ce pays ;

Ou, s'il s'agit de Français, à des gens de l'armée active, dont la mission, par conséquent, ne peut être que temporaire ;

De sorte que les agents permanents, que nous entretenons à l'étranger, sembleraient presque toujours indemnes.

Seraient-ils assez habiles, pour échapper au soupçon? C'est possible, à la rigueur; le vrai peut, quelquefois, n'être pas vraisemblable.

Mais, s'il en était autrement?

Dans ce cas, nos agents seraient connus, surveillés, entretenus dans une sécurité trompeuse, et finalement, voués à l'hécatombe, au moment opportun. Ce serait encore la chance la moins défavorable.

Ou bien, ils seraient, non seulement connus, mais autorisés, c'est-à-dire encaissant notre argent, avec intention de tourner casaque au moment propice ;

Non sans avoir, au préalable, tenté de faire accepter à leurs correspondants naïfs, quelque bourde gigantesque, dont les conséquences pourraient être terribles.

Souhaitons que la seconde de ces hypothèses ne soit pas celle qui a le plus de chances d'être la véritable.

C'est qu'il est bien difficile, de ne pas se laisser tromper souvent, à ceux qui dirigent un service, où tout est fait de friponneries, de vols, de doubles jeux, de faux et de manœuvres étranges et compliquées.

Pour s'y reconnaître, l'intelligence et le travail ne suffisent pas, il faut un sens spécial, doublé de la connaissance approfondie des hommes et des choses, et d'une expérience consommée.

Nous avons dit, plus haut, que l'interdiction de discuter les mesures d'organisation militaire n'offrait pas, dans les pays à gouvernement autocratique, les mêmes inconvénients que dans le nôtre. C'est que le remède est à côté du mal.

Qu'on se représente un empereur Guillaume, et, le jour de la déclaration de guerre, le chef de son artillerie et celui de ses ingénieurs, venant lui avouer, l'un, que les canons n'ont pas de portée, l'autre, que les forteresses sont incapables de résistance, après avoir affirmé le contraire pendant dix ans :

Il n'y aurait pas de basse-fosse assez profonde, pour envoyer de tels coupables y finir leurs jours, et aucune considération de rang ou de services rendus, ne viendrait atténuer la rigueur du châtiment.

C'est pourquoi, on ne s'y expose pas.

Mais, quand il n'y a pas de pouvoir supérieur, et que la fiction ministérielle s'est substituée aux responsabilités effectives, il arrive toujours que les intérêts individuels se groupent, et que les corporations, ainsi formées, n'ont plus d'autre but que d'étendre leurs attributions d'abord, et ensuite, de s'affranchir du seul contrôle qui reste : celui de l'opinion.

Le prétexte de l'espionnage s'est trouvé à propos, et on voit avec quel empressement il a été saisi, pour permettre aux corporations de s'envelopper du mystère qu'elles recherchent, afin de jouir en paix des positions conquises et mener à bien leurs petites affaires.

CHAPITRE VIII

L'ÉTAT-MAJOR

Le lieutenant-colonel, a dit Noriac, tousse comme le colonel.

La phrase est célèbre et mérite de l'être, car elle marque, d'un trait, le vice originel de toutes les hiérarchies, civiles et militaires, surtout de celles-ci, parce que la contrainte y est de tous les instants.

Égoïstes et routinières, haineuses de toute supériorité intellectuelle, la servilité y est réputée talent et le pédantisme, génie.

Si déjà, l'officier en second se croit obligé de tousser comme le chef; lequel, parmi les autres, oserait manifester une opinion, ou

régler ses actes en désaccord avec le sentiment de son supérieur?

Celui-là apprendrait vite, à ses dépens, que
l'indépendance d'esprit et de caractère n'est
pas compatible avec le respect de l'autorité,
qu'exige la discipline.

Quand l'homme le mieux doué, après trente
ans de cette gymnastique cérébrale, est arrivé,
à son tour, au commandement :

Il a pu conserver sa vigueur physique et
morale, être resté intelligent, au sens étroit du
mot, avoir acquis du savoir et de l'expérience ;

Il est devenu incapable de penser par lui-
même, et de concevoir une opinion qui ne soit
un souvenir ou un reflet ; qu'on ne lui suggère
ou qui ne lui ait été suggérée.

Il n'y a pas eu, en France, de ministre de la
guerre, depuis Saint-Arnaud, lequel était un
irrégulier. Irrégulier, aussi, Moltke, que son
indiscipline obligea de quitter l'armée danoise,
et qui ne put jamais s'astreindre à un service
de régiment.

Parcourez l'histoire, et vous verrez que presque tous les généraux célèbres ont été des
princes, ou des hommes parvenus rapidement,

grâce à des événements extraordinaires, et qui ont ainsi échappé à la filière habituelle.

Ceux qui n'en ont pas été affranchis, arrivent au commandement, bien déterminés à exercer, à leur tour, l'autorité longtemps supportée, mais, dès que la circonstance se présente, qui réclame effort d'imagination, ils sentent le besoin de chercher, autour d'eux, l'indication directrice, que l'accoutumance leur a rendue indispensable.

Ce préambule était nécessaire, pour expliquer comment, à leur insu, les généraux sont si facilement soumis à l'influence de leur entourage.

Et comment, quand cet entourage fait partie d'une corporation, laquelle est elle-même une hiérarchie dans la hiérarchie, avec les mêmes défauts et le besoin d'extension en plus;

Cette corporation finit par se rendre maîtresse du pouvoir réel, ne laissant aux chefs nominaux que le rôle honorifique et décoratif.

En termes techniques, on ne devrait entendre, par l'État-Major, que les principaux chefs de l'armée : ceux qui sont investis des hauts commandements. Mais, comme l'usage s'est établi de comprendre, sous la même rubrique, les officiers de leur entourage, nous leur conserverons cette dénomination, malheureusement conforme à la réalité de leur situation.

Ces officiers sont des agents de transmission et de renseignements, et, régulièrement, ne devraient être rien autre chose.

Le service des renseignements est, à la guerre, dangereux et difficile ; son importance est considérable. Il exige l'audace et le sang-froid, pour mener les reconnaissances au plus près des lignes ennemies, le coup d'œil pour embrasser le terrain, le jugement, pour apprécier sainement ce qu'on a vu.

La fonction d'agent de transmission est moins superbe :

Tenir en ordre les archives et la correspondance ; accompagner le chef et prendre note de ses observations ; faire des courses d'estafette ; observer constamment l'attitude réservée et attentive qui convient à la situation.

Malheureusement, ces attributions sont journalières, les premières ne sont qu'accidentelles ; on conçoit que des officiers, choisis vigoureux et actifs, pour être en état de remplir celles-ci, se trouvent, en temps ordinaire, mal satisfaits des autres, et cherchent meilleur emploi de leur zèle et de leurs facultés.

D'où, leur tendance à s'immiscer, sous prétexte de préparer le travail du chef, dans la conduite des affaires qui ressortissent, normalement, aux sous-ordres.

Jusqu'à la Restauration, il n'y eut pas d'officiers affectés spécialement au service d'état-major; chaque chef militaire choisissait, pour ces fonctions, qui bon lui semblait ; l'autorité supérieure n'intervenant que pour limiter le nombre de ces agents, au chiffre convenable.

Les chefs, responsables de leur choix, et connaissant les conditions à satisfaire, ne cherchaient pas des savants. On peut voir, par les cahiers du capitaine Cognet, qui fut officier d'état-major à la Grande-Armée, qu'on s'y souciait peu de littérature, et qu'on y avait trop à faire, pour s'occuper d'empiéter sur les attributions des autres.

Tout cela fut changé, lorsque Gouvion-Saint-

Cyr créa le corps d'État-Major, recruté par une École spéciale.

L'institution était politique : le gouvernement d'alors n'était pas sûr des chefs de l'armée, et tenait à les entourer de gens à lui.

Les généraux n'eurent plus le choix de leurs officiers, ni la faculté d'en obtenir, ailleurs que dans le Corps nouvellement créé, qui eut son organisation propre et ses chefs spéciaux. On n'y admit, sous prétexte de concours, que ceux qui offraient, par leurs opinions et leurs relations, toutes les garanties désirables.

Jamais corporation ne s'est trouvée dans des circonstances aussi favorables, pour donner carrière à son esprit d'envahissement, et accaparer toutes les attributions.

Soutenue par le gouvernement, qui ne la trouvait jamais assez puissante, elle sut aussi se faire accueillir des chefs militaires, qu'elle avait à surveiller plutôt qu'à servir, et dont elle flattait la vanité. Ceux-ci trouvèrent satisfaction à leurs goûts autoritaires, à voir leur entourage intervenir, sous leur nom, dans tous les détails du commandement. On conçoit que l'État-Major n'eut pas de peine, dans ces conditions, à développer son influence, sans cesse croissante, aujourd'hui démesurée.

Car nous sommes toujours sous le régime inauguré par Gouvion, modifié en pire, avec quelques changements de mots, comme on verra plus loin.

Plus l'État-Major a d'affaires à étudier, moins il y a de chances pour qu'elles soient examinées par l'autorité supérieure, laquelle ne tarde pas à accepter de confiance tout ce qu'on lui propose, puis à signer sans lire, puis même à se dispenser de signer.

Et, on en arrive à cette chose étonnante, particulière à l'armée française : la délégation de signature. Accordée d'abord au seul chef d'état-major, la signature « par ordre » ne tarda pas à être aussi déléguée au sous-chef, puis aux moindres officiers, qui peuvent en mésuser pour donner des ordres à leurs supérieurs en grade, même à l'insu du déléguant.

Personne ne proteste : cela est passé dans les habitudes.

C'est fort bien au point de vue corporatif, seulement, il en résulte quelques inconvénients :

Quand on étend outre mesure ses attributions, on est forcément amené à en négliger quelques-unes :

Si l'officier d'état-major s'occupe de fixer la place à l'écurie pour le cheval du vétérinaire, et de statuer sur la réclamation du fournisseur, il n'a plus le loisir d'aller, au loin, surveiller la marche de l'ennemi, lequel arrive à l'improviste, ainsi qu'on en connaît de trop nombreux exemples.

La suprématie de ce corps, sans être aussi apparente que maintenant, était déjà établie bien avant 1870.

A la suite de la guerre, l'État-Major n'échappa pas aux critiques, et fut l'objet de vives attaques. On lui reprochait surtout les trop nombreuses surprises qu'il n'avait pas su éviter, et l'opinion publique en réclamait impérieusement la réorganisation.

Il se soumit à cette nécessité, de la meilleure grâce.

Resté tout-puissant au Ministère, il ne pouvait mettre en doute que ses propres membres auraient le rôle principal, dans cette transformation, ce qui l'affranchissait de toute inquiétude.

Qu'allait être cette réorganisation ? Sur quelles bases allait-on opérer ? Comment donner satisfaction aux besoins du service et à l'opinion ? Comment concilier les nouvelles dispositions avec les droits acquis ?

Autant de questions qui supposent des vues d'ensemble, et l'existence d'un plan complet de la réfection de nos forces militaires, lequel est encore à établir.

On fit ce qu'on fait quand on est embarrassé ; on s'adressa aux gens du métier, réputés les plus capables.

Le plus savant et le plus capable, c'est naturellement celui qui a écrit les plus gros livres.

A ce titre, l'honorable général Lewal tenait la tête de plusieurs longueurs ; ce fut lui qui eut la part principale dans la nouvelle organisation de l'État-Major, dont on peut presque dire qu'elle fut son œuvre.

Voici ce qui fut décidé :

Que le Corps s'appellerait dorénavant service, et l'École d'État-Major : École de Guerre.

Quand on réorganise, il faut toujours chan-

ger les mots, cela fait bon effet et ne tire pas
à conséquence.

*Que l'admission n'aurait plus lieu à la
sortie des Écoles spéciales, mais quelques
années après, quand les candidats auraient
passé par le régiment.*

Au point de vue de l'instruction des élèves,
la mesure prête plutôt à la critique ; celui-là
est plus apte à profiter d'un enseignement, qui
est entraîné au travail par ses études précé-
dentes.

Mais, si on a passé par le régiment, on y a
reçu des notes, ce qui légitime une cote personnelle, dont le coëfficient est toujours le plus
élevé : moyen de corriger, au profit de qui de
droit, les résultats toujours incertains d'un
concours pédagogique.

*Que le nombre des heureux serait considé-
rablement augmenté.*

L'ancienne École recevait au maximum
25 élèves, ce qui suffisait pour tenir le personnel à un effectif plus que double de son
similaire, dans les armées étrangères. En le
triplant encore, pour admettre 75 officiers à
l'École nouvelle, il semble que la mesure ait

été fortement dépassée ; mais, il y a bien des ambitions à satisfaire, et, d'ailleurs, plus il y a d'officiers dans un état-major, plus on peut y amener d'affaires à examiner, et moins le chef nominal peut y voir clair ; c'est tout bénéfice.

Enfin, après avoir réglementé quelques broutilles, relatives au costume et aux stages dans les régiments, on arrêta :

Que le service d'État-Major serait ouvert.

Ceci est le fin du fin. L'ancien Corps était fermé, c'est-à-dire que les membres roulaient entre eux, pour l'avancement. L'ouverture consiste à leur donner prise sur l'avancement des autres. Avec la puissance toujours croissante de la corporation, il est facile de prévoir ce qui en arrivera, et les choses sont en bon train. Avant longtemps, il n'y aura plus d'officier général, qui ne provienne de l'État-Major, lequel se trouvera réunir, avec le pouvoir réel, tous les titres et dignités.

Gouvion n'avait pas prévu que son système arriverait à un tel développement. Car sa création reste entière : c'est toujours le même principe de recrutement, par examen truqué, et de main-mise sur tout le personnel, par un comité central.

Au point de vue corporatif, il eut été difficile de faire mieux, et le général Lewal avait le droit d'être fier de son succès et de compter sur la reconnaissance de ses congénères.

Là, ne se borna pas sa sollicitude. Il voulut qu'après lui restât un dépositaire de ses idées et le continuateur de ses traditions. Son choix tomba sur Herbinger.

Herbinger était un brave soldat, ayant fait ses preuves au Mexique, à Metz et au siège de Paris, nullement ivrogne, quoi qu'on en ait dit.

Il était doué d'une mémoire étonnante, d'une grande facilité de travail, et de ce genre d'intelligence, apprécié des pédagogues, qui permet de s'assimiler facilement ce qu'on vous explique, sans être capable d'apprécier la valeur de l'enseignement. Bref, le type du fort en thème.

Il avait la spécialité de toujours manquer sa manœuvre, parce qu'il ne réussit jamais à faire le commandement à propos. A Saint-Cyr où il fut constamment à la tête de sa promotion, on ne put, à cause de cela, malgré l'usage, le nommer sergent-major. Il lui aurait fallu aligner tous les jours sa compagnie pour l'appel, ce dont il était notoirement incapable.

Le général Lewal en fit son bras droit et le professeur de tactique de l'École de Guerre ; il y acquit promptement une grande réputation et ne tarda pas à être considéré comme l'homme de l'avenir et le futur généralissime.

Il convenait de lui donner la consécration du succès ; on décida de l'envoyer au Tonkin, étant convenu, à l'avance, qu'il ne ferait rien que de génial, ainsi qu'il appert des articles dityrambiques que lui consacra la presse chauvine de l'époque :

Tel l'acteur en vedette, à son entrée en scène, salué de la claque, prend un air victorieux.

Herbinger n'était que lieutenant-colonel, et les généraux n'en avaient pas eu autant.

Il se trouva dans une situation difficile, et comme son maître avait prévu tous les cas, sauf celui qui se présentait, il ordonna la déroute, qui s'effectua avec ensemble. C'était la première fois que le professeur de tactique réussissait son mouvement ; ce fut aussi la dernière.

On le traita avec rigueur. Il n'était coupable que d'avoir été surfait; la réclame du début ne fut peut-être pas étrangère à la sévérité qu'on lui montra.

Cette aventure ne paraît pas avoir encouragé l'État-Major à chercher d'autres occasions de consacrer, par le succès, ses grands hommes hypothétiques.

En attendant la grande guerre, qui le montrera à l'œuvre, on peut déjà juger de la valeur de ses méthodes, par les résultats qu'il en a obtenus dans l'organisation de l'expédition de Madagascar.

Celle-ci est particulièrement intéressante, à ce point de vue, parce que, les circonstances de l'entreprise étant bien connues par avance, les procédés de l'État-Major pouvaient, à la rigueur, sembler applicables.

Depuis plusieurs années, on savait que l'expédition aurait lieu, et le temps n'avait pas manqué pour en étudier les conditions. Majunga avait été occupée par nos troupes, et on connaissait l'hydrographie de la rade et des cours d'eau avoisinants. La route à parcourir avait été suivie plusieurs fois, notamment par un officier breveté envoyé pour en faire la reconnaissance. Il n'y avait pas à craindre que les attaques de l'ennemi vinssent dérouter les combinaisons.

On constitua une grande commission, qui se subdivisa en plusieurs petites, dont chacune travailla sa branche, avec luxe de détails. La grande commission centralisa, vérifia, et approuva, puis soumit au Ministre, qui surapprouva. Il va sans dire que les plus minutieuses précautions avaient été prises pour empêcher l'espion malgache d'écouter aux portes.

Tout cela aboutit au plus invraisemblable désarroi. On n'avait su calculer les délais nécessaires, ni pour les affrètements, ni pour les chargements ; la commission de débarquement s'était trompée du double sur l'appontement à construire ; celle de navigation de tout, sur l'utilisation des voies fluviales ; les voitures Lefèvre encombrèrent indéfiniment les ponts des transports immobilisés, empêchant de retirer des cales les objets les plus indispensables, parce qu'on ne trouvait pas la route que la reconnaissance avait vue en rêve ;

Sans parler d'autres erreurs, non moins graves, mais qui furent moins publiques.

Coût : 6000 hommes et 50 millions de trop.

Nous verrons plus loin pourquoi l'État-Major qui fait tout, n'est jamais responsable de rien. Mais, au moins, si, à la suite de telles folies, on ne peut établir les responsabilités, ne devrait-on pas rechercher les vices d'organisation qui les permettent, pour en prévenir le retour ?

L'accumulation des attributions, dans les mêmes mains, n'offre pas d'inconvénients très apparents, dans les circonstances ordinaires du temps de paix. La surcharge de détails dont s'est laissé encombrer le haut commandement ne l'empêche pas de fonctionner, parce que les incidents, qui troublent la monotonie du service journalier, sont alors relativement rares. Mais comme la préparation des ordres et des instructions est d'autant plus lente qu'on veut lui faire embrasser plus de détails, on conçoit que, si les incidents imprévus se succèdent, il devient impossible de faire, en temps utile, les changements que les circonstances réclameraient.

Un travail de longue main ne peut descendre

dans les détails, que si on a le droit de regarder comme certaines et invariables les prévisions, en vue desquelles on l'établit. Nous avons vu qu'il avait fallu considérer comme tel le cas de la mobilisation et pour cela, accepter comme sérieuse, la fiction du mur infranchissable.

On trouve un autre exemple des résultats de cette méthode dans ce qui se passe tous les ans à propos des grandes manœuvres. La préparation exige qu'on en ait, au préalable, arrêté le programme, et que les positions successives de toutes les unités aient été fixées, pour chaque jour.

Cela peut se faire, parce que les deux partis opposés obéissent au même chef, mais l'idée de représenter ainsi la guerre réelle, ne manque pas d'originalité.

Aucun ministre n'a encore, et pour cause, osé ordonner ces exercices à l'improviste. Pour faire manœuvrer un groupe de deux ou trois corps d'armée, il faut trois mois d'études et de préparation.

Voici comment les choses se passent :

Dès que le Directeur des manœuvres a été

avisé, il établit son hypothèse générale, c'est-à-dire qu'il choisit l'endroit où la bataille aura lieu, décide quel sera le vainqueur et le vaincu et les routes que devront suivre l'un et l'autre, avant et après.

Là-dessus, son état-major se met à l'œuvre et fait connaître le projet aux chefs des deux partis et à celui du ravitaillement, en les invitant à soumettre leurs propositions, pour les mesures qu'ils comptent prendre.

Ces propositions sont examinées, discutées et amendées, après un échange de correspondances, qui devient interminable, parce que chaque chef de parti a aussi son état-major, qui opère de même avec ses sous-ordres.

C'est ainsi qu'on réussit à mettre debout le plan rigide, sur lequel ont lieu les simulacres d'opérations de guerre, qu'on appelle les grandes manœuvres.

Il n'est pas surprenant qu'en pays riche et peuplé, avec des voies de communication en service régulier, aucun imprévu n'étant à craindre, le plan puisse être suivi comme il a été arrêté. Encore se produit-il des accidents, dus le plus souvent à l'excès des précautions prises pour les éviter.

La terminaison est typique.

Quand le Directeur de la manœuvre a reçu, pour lui et ses préférés, les compliments et les récompenses auxquels donne droit le succès d'une pièce aussi bien montée;

Il ne manque pas de faire éditer luxueusement le recueil des instructions et des ordres, soi-disant journaliers, qui ont été donnés, au cours de l'opération. Cela fait la matière d'un beau volume, qui est envoyé, avec dédicace, aux principaux collaborateurs, en témoignage de satisfaction.

C'en est surtout un d'inconscience.

Car, il n'y a pas un homme de bon sens qui ne soit tenté de dire, à l'examen d'un pareil document :

Voilà qui est trop bien fait et trop détaillé, pour avoir été produit au jour le jour. Il a fallu y travailler de longs mois. Si telles sont les méthodes du commandement, il est impossible qu'il se tire d'affaire, quand il aura à opérer contre des ennemis, qui ne seront plus figurés.

Nous avons dit, plus haut, que le système

de l'État-Major aboutissait nécessairement à la destruction de toutes les responsabilités.

A qui, en effet, pourrait-on les imputer?

Pas au service d'état-major : ses officiers n'agissent pas pour leur propre compte, et n'ont pas même le droit de signer leur nom. Car, ce n'est pas signer son nom que de le faire précéder de la mention « par ordre, » laquelle signifie, que si on tient la plume, c'est un autre qui la conduit.

Ils échappent même à l'action disciplinaire, en se réunissant en commissions, dès que se présente un cas embarrassant. Une commission est un être impersonnel, affranchi, par nature, de toute mesure de ce genre.

Serait-ce au chef nominal et suprême?

Pas davantage, le choix de son entourage ne lui appartient pas, et il est, matériellement, hors d'état de connaître tout ce que cet entourage fait en son nom. Il n'a même qu'une autorité relative et temporaire sur ce personnel, dont l'avenir dépend des chefs de la corporation. Si donc il ne trouve pas acceptable, l'état de choses qui résulte de la réglementation et des usages, il ne lui reste qu'à offrir sa démission. De tels caractères deviennent rares.

Aux sous-ordres, peut-être?

Encore moins. Ils n'exercent pas dans leur sphère l'action qui devrait leur appartenir. Normalement, tout ce qu'un chef ne peut ou ne veut régler et décider lui-même, après examen personnel, revient à l'initiative du sous-ordre, qui agit alors sous sa responsabilité. Mais, avec l'État-Major, il est réduit à soumettre des propositions, lesquelles, modifiées ou non, lui reviennent sous forme de prescriptions fermes, dont il n'est plus que l'agent d'exécution.

De sorte qu'on peut provoquer les catastrophes les plus terribles, et rester assuré de n'être pas seulement troublé dans la jouissance des récompenses qu'on a pu obtenir, pour la préparation de ces mêmes catastrophes.

Que conclure de tout cela?

Nous avons fait voir que le Corps, ou service d'État Major, avait été institué dans un but politique, et constitué avec des agents militaires, dont la fonction est très importante à la guerre, mais qui, en dehors de cette fonc-

tion, ne doivent être que de simples secrétaires ;

Que ces agents, ainsi devenus corporation,
avaient réussi à conquérir des attributions
nouvelles, qui se sont démesurément étendues,
d'ailleurs incompatibles avec leurs fonctions
normales et leur caractère ;

Que l'interposition de ce pouvoir anonyme,
entre les chefs et leurs sous-ordres, a pour résultat de rendre impraticable l'exercice du
commandement, dans les circonstances de la
guerre ;

Qu'elle a, en outre, pour effet, de détruire,
chez les uns et chez les autres le sentiment
de l'initiative et de la responsabilité ; aucune
organisation ne pouvant résister à un pareil
dissolvant.

Le raisonnement et l'examen des faits amènent donc à reconnaître qu'il est nécessaire
de supprimer la création de 1818, avec toutes
ses transformations successives, et d'en revenir
au système du premier empire et des gouvernements antérieurs, lequel consistait à n'en
avoir pas.

La pleine liberté, laissée au chef militaire,

de choisir, à son gré, ses collaborateurs immédiats, est la condition indispensable de sa responsabilité effective. Autrement, il aura toujours la faculté de tirer excuse de l'insuffisance,
vraie ou prétendue, des agents qui lui auront
été imposés.

CHAPITRE IX

RESPONSABILITÉ

Quand une nation a subi un grand désastre militaire, elle a besoin, pour se relever, de trouver, à sa tête, des hommes vigoureux et capables, pour détruire les abus qui ont amené ce désastre, en rechercher les responsabilités, et y appliquer les sanctions les plus rigoureuses.

Le sentiment national les encourage et les soutient et, dans ce cas, les revers deviennent profitables ; le peuple éprouvé ne tarde pas à trouver, dans un accroissement de vitalité et de puissance, la récompense de son énergie et de ses sacrifices.

Les Prussiens ont eu cette bonne fortune, après Iéna.

Le sentiment national était le même chez nous, après les revers de 1870.

Malheureusement, à la place de l'autorité vigoureuse qu'il aurait fallu, nous avions le Parlementarisme, gouvernement de compromissions et de coteries, aussi incapable de comprendre les nécessités de la situation que d'exécuter les mesures qu'elle comportait.

Il n'était pourtant pas difficile de désigner les auteurs responsables de nos désastres ; les faits parlaient assez haut :

C'étaient les grands personnages de l'Artillerie, qui n'avaient accepté, qu'à leur corps défendant, le nouvel armement de l'infanterie et qui s'étaient systématiquement opposés à tout progrès correspondant, pour les bouches à feu ;

C'étaient les savants ingénieurs, qui n'avaient pas voulu savoir que l'art des sièges avait subi quelques changements, depuis le siècle précédent ;

C'était le haut État-Major, qui ne semblait pas soupçonner qu'un armement nouveau réclame une tactique nouvelle, et qu'on ne peut plus se présenter, sur le champ de bataille, dans les mêmes formations qu'à Wagram ou à Montmirail ;

C'étaient les ministres qui n'avaient su rappeler personne au sentiment du devoir et qui, en prêtant la main aux virements, avaient dissimulé l'insuffisance du matériel et des approvisionnements.

Tous étaient trop occupés à se faire la guerre d'influence et d'attributions, pour avoir le temps de songer à l'autre.

De ceux-là, pas un ne fut inquiété, tous conservèrent leurs grades et leurs privilèges ; ceux qui n'étaient pas encore arrivés au sommet de la hiérarchie, ne tardèrent pas à y être promus.

Bien plus, on pria les mêmes coupables de puiser à pleines mains dans les coffres de l'État, pour réorganiser, à leur fantaisie, leurs armes et leurs services, et on ne leur demanda même pas, de changer quoi que ce fût à leurs anciens errements.

C'était les autoriser à continuer et ils ont continué.

Cependant, il fallait compter avec l'opinion, qui réclamait impérieusement, et on se décida à lui sacrifier Bazaine.

Bazaine, soldat de fortune, avait gagné tous ses grades à la pointe de l'épée. Il ne se rattachait à aucune de ces coteries, qui s'entendent si bien à tirer leurs membres des situations les plus compromises. On était donc certain qu'il serait seul à se défendre et qu'il n'avait de secours à attendre d'aucun parti.

En revanche, il avait contre lui :

Toute la haute armée, c'est-à-dire ceux-là même dont il a été question plus haut ; d'autant plus heureux de faire retomber sur un autre les conséquences de leurs fautes, que cet autre était un parvenu, indigne, suivant eux, d'aspirer au rang suprême ;

Ses propres soldats, justement indignés du mauvais parti qu'on avait tiré de leur valeur, mais peu capables d'apprécier la genèse des événements, et naturellement portés à en rejeter la cause sur leur chef ;

Enfin, et surtout, les politiciens, qui ne pardonnaient pas à Bazaine les négociations, où il s'était agi d'employer l'armée de Metz, à l'installation d'un gouvernement régulier. Ces gens-là, qui venaient de faire une révolution devant l'ennemi, avaient eu peur, un instant, d'être troublés dans leur jouissance de l'assiette au beurre.

C'est le seul attentat que les politiciens ne pardonnent jamais, et, alors, dès qu'ils le peuvent, tous moyens leur sont bons pour satisfaire leurs rancunes. Or, ils disposaient de l'argent du contribuable, et conséquemment de la presse, et, par la presse, de l'opinion publique, facile à surexciter, dans ces tristes circonstances.

La perte de Bazaine était donc inévitable.

Mais, encore fallait-il trouver dans sa conduite les éléments d'un procès, et le moyen légal d'obtenir une condamnation ; on va voir quelles difficultés s'y trouvaient.

J'ai expliqué, dans l'un des précédents chapitres, comment les historiens de la guerre de 1870 ont méconnu la cause réelle de ses résultats. Je vais donc essayer de restituer aux événements qui se sont déroulés autour de Metz leur véritable caractère :

En se retirant dans le camp retranché, après trois batailles, dont la dernière, seule, avait été un insuccès, et son armée encore intacte, Bazaine avait fait ce qu'il pouvait faire de mieux.

Il obligeait les Allemands à s'immobiliser aux frontières, perdant le fruit de leurs premières victoires, et donnait le temps d'organiser, à l'intérieur, de nouvelles forces.

L'investissement de Metz, pour être maintenu avec quelque certitude, aurait exigé trois cent mille hommes, et l'ennemi ne disposait pas d'effectifs suffisants, pour former, en plus, une armée d'invasion capable d'obtenir des résultats décisifs.

Que si, pour renforcer cette armée, le général ennemi ne laissait, autour de Metz, qu'un cordon trop faible, il s'exposait à voir Bazaine forcer l'investissement et lui arriver, à revers, avec toute son armée, ce qui le mettait en situation désastreuse. Aucun homme de guerre, sinon dans un cas désespéré, ne pouvait songer à courir un pareil risque.

C'est pourtant le parti auquel s'arrêta M. de Moltke. La seule explication de cette conduite

est que, en effet, après la révélation de Sainte-
Marie-aux-Chênes, il considérait comme déses-
pérée la situation des armées allemandes. Si
mince que fût son opinion de l'intelligence de
ses adversaires, il ne pouvait imaginer que,
ayant vu, de leurs yeux, quel avantage leur
donnait la supériorité de leur armement, ils
n'allaient pas s'arranger pour en profiter. Dès
lors, il lui fallait, à tout risque, précipiter les
événements, voyant sa seule chance de salut
dans cette suprême imprudence.

Sa profonde connaissance des vices d'organisation de l'armée française lui permettait,
d'ailleurs, d'espérer que Bazaine ne parvien-
drait pas à se dégager du faible réseau qui
l'entourait.

La conduite de celui-ci était donc toute
tracée :

L'armée d'investissement, d'un effectif à
peine supérieur à la sienne, était développée
sur une étendue de près de cinquante kilomètres et n'avait pas encore eu le temps de
s'appuyer sur des ouvrages de campagne.

En attaquant brusquement, sur un front peu
étendu, la résistance ne pouvait être longue,

et les deux ailes ennemies, débordées, étaient forcées de se replier, laissant le passage largement ouvert, pour l'écoulement des colonnes.

En admettant que l'armée allemande, sacrifiant ses magasins, voulût se jeter à la suite de Bazaine, elle avait des éléments dispersés sur les deux rives de la Moselle, ne communiquant plus que par les ponts du côté opposé à l'attaque. Dans ces conditions, il lui fallait au moins deux jours, plus probablement trois, pour se reformer. Bazaine avait donc une avance de deux ou trois étapes, bien suffisante pour lui permettre de frapper le coup décisif. A Waterloo, Blücher n'avait que deux heures.

Seulement, il y avait à prendre une précaution essentielle.

Il fallait attaquer au point du jour, pour ne pas donner à l'ennemi le temps de renforcer le front menacé ; et pour cela, profiter de la nuit, afin d'amener les troupes à leurs positions de combat. Rien n'était plus facile, puisqu'on était maître de toutes les voies intérieures du camp retranché, et que rien n'empêchait de les reconnaître, de les réparer, de les jalonner et de les éclairer au besoin.

Tel était bien le projet de Bazaine, qui avait décidé la sortie pour le 26 août, au matin. La date ne pouvait être mieux choisie. A ce moment, les troupes de Mac-Mahon prenaient à peine contact avec la grande armée allemande. En marchant droit à celle-ci, on l'atteignait à revers, en plein engagement.

Malheureusement, Bazaine avait compté sans son état-major.

Déjà, à cette époque, la préoccupation principale des officiers d'état-major était de se donner de l'importance, et pour cela, d'agrémenter les ordres qu'ils avaient charge de transmettre de vastes développements de leur crû.

Quand trois état-majors superposés, rivalisant de zèle, ont ainsi travaillé les ordres à communiquer, ceux-ci parviennent aux troupes méconnaissables et aussi difficiles à comprendre qu'à exécuter.

Le résultat fut que le 26 août, les troupes, qui auraient dû être à leurs positions de combat au point du jour, y arrivaient à peine à trois heures de l'après-midi.

A ce moment, le temps s'étant mis à la pluie,

on pensa qu'on en avait assez fait, et on renvoya chacun, reprendre son cantonnement de la veille. Comme l'état-major n'avait pas prévu cette marche de retour, il n'avait pris aucune disposition pour la régler. En conséquence, chaque groupe, ayant le choix de son chemin, prit naturellement le plus court et la dislocation fut effectuée, sans embarras ni retard. A la nuit, toutes les troupes avaient repris leurs anciens emplacements.

Cette opération manquée, du 26 août 1870, a décidé du sort de deux nations.

Ce ne fut que cinq jours après, et déjà trop tard, que Bazaine se décida à la reprendre.

On devait profiter de l'expérience, et l'état-major multiplia ses instructions en conséquence. Grâce à quoi, on ne perdit qu'une heure de plus et les troupes furent en position d'attaque à quatre heures de l'après-midi. Depuis le jour, l'ennemi qui les voyait manœuvrer avait eu le loisir de renforcer ses positions.

Cette fois, le temps étant resté beau, l'attaque eut lieu et, telle était la vigueur des soldats, que, malgré ces conditions défavorables, l'ennemi fut refoulé sur toute l'étendue du front attaqué, perdant plusieurs de ses batteries de position. Il ne restait qu'à aller de l'avant, mais, la nuit étant survenue, toutes les troupes restèrent arrêtées à l'endroit où elles se trouvaient (1).

(1) J'appartenais alors à un régiment d'infanterie, le 62e, auquel échut l'honneur d'attaquer la portion de la ligne ennemie, que formait la crête du plateau, dominant le village de Montoy. L'attaque, vivement menée, réussit, et, en vingt minutes, nous étions maîtres de la position ; ayant perdu trois cents hommes. En arrivant sur le plateau, nous trouvâmes, devant nous, à courte distance, des masses qui se retiraient précipitamment, et sur lesquelles nous ouvrîmes aussitôt le feu. Ce feu fut très efficace, le parcours de l'ennemi restait jonché de morts et de blessés. A ce moment, le terrain, devant nous, était complètement déblayé.

Nous fûmes tous très surpris qu'on ne poussât pas davantage le succès. Mais notre colonel venait d'être atteint gravement et l'officier qui le remplaçait ne crut pas devoir outrepasser ses ordres, qui prescrivaient seulement d'occuper la position et de s'y maintenir.

Cependant, la voie était si bien ouverte, qu'une de nos patrouilles put traverser la ligne d'investissement, pendant la nuit, et rentrer sans être inquiétée.

Nous passâmes la nuit sur la position conquise. Le lendemain au point du jour, deux de nos bataillons furent déployés et le 3e, qui était le mien, formé en colonne de divisions, à demi-distance. Comme nous étions entièrement à découvert, nous fîmes coucher les hommes, pour diminuer les pertes. Dans cette formation étonnante, nous fûmes pris à partie par une batterie allemande qui s'était postée en face de nous et qui ne cessa de nous envoyer ses obus, depuis six heures, jusqu'à dix heures du matin. Son tir était d'une précision

Le lendemain, 1ᵉʳ septembre, la ligne de bataille se trouva formée, au hasard des emplacements, où l'on s'était arrêté la veille. Les Allemands, qui ne craignaient pas de marcher

remarquable ; tous les projectiles venaient éclater dans l'axe de la colonne. Cette précision fut même nuisible à l'efficacité ; nos divisions de deux compagnies ne furent très maltraitées que vers leurs centres.

Vers dix heures, nous nous trouvâmes débordés, par suite du mouvement de la division Bastoul, qui découvrait notre droite. La retraite fut alors ordonnée, et elle s'exécuta avec le plus grand calme ; les survivants manœuvraient comme à l'exercice.

En repassant la crête que nous avions enlevée la veille, je fus laissé avec quelques tirailleurs, pour couvrir le mouvement. Je fis commencer le feu, dès que l'ennemi m'arriva à portée et nous réussîmes assez bien à le contenir, pendant une demi-heure. Nous aurions même pu tenir davantage, si l'ordre ne m'était venu de me replier. Je dis à ma troupe : « Nous battons en retraite. Je vais marcher le premier. Personne ne doit aller plus vite que moi. »

J'avais avisé, à travers les vignes, un sentier qui me paraissait un peu défilé. Je m'y engageai, au pas ralenti, suivi de mes gens, dont aucun ne se porta à ma hauteur. Nous gagnâmes ainsi, sans encombre, un pli de terrain où nous étions à l'abri. A ce moment, un des soldats s'avança : — « Mon lieutenant, me dit-il, vous avez perdu votre carnet. Je sais où il est, et je vais aller le chercher. »

Je m'aperçus alors que, pendant l'engagement, quelques menus objets s'étaient échappés de ma sacoche.

— Gardez-vous en bien, lui répondis-je, mon carnet n'a aucune importance.

Je repris ma marche, et, comme nous allions rallier le

pendant la nuit, avaient amené toutes leurs
réserves. Cette fois, la fortune de la position
ne se trouvant pas favorable, l'artillerie ennemie avait toute facilité de nous écraser à distance, sans être contrebattue, ce dont elle ne se
fit pas faute. On passa ainsi la matinée, à
recevoir les coups sans les rendre et sans
qu'aucun ordre fût donné pour marcher, ni en
avant, ni en arrière. La première division qui
en eut assez, fut celle du général Bastoul, lequel se retira en bon ordre, et toutes les autres,
successivement débordées, ne tardèrent pas à
faire de même.

Telle fut la bataille de Noisseville.

Le succès de cette sortie n'aurait pas donné
les résultats considérables qu'il était facile
d'obtenir, quelques jours plus tôt. C'est tout

gros du régiment, mon soldat arriva tout essoufflé. Il me rap-
portait mon carnet.

— Imbécile, lui dis-je, je vous l'avais défendu. Les Prussiens ont dû vous tirer dessus.

— Pour sûr, mon lieutenant, qu'ils m'ont tiré dessus, mais
je leur ai taillé une fameuse basane.

C'est avec cent quarante mille soldats, comme celui-là, que
nous avons capitulé, deux mois après, et c'est d'une armée
comme celle-là, que les politiciens ont fait une garde nationale.

au plus si Bazaine, menacé par la grande armée allemande, que la capitulation de Sedan venait de rendre disponible, n'aurait pas été obligé de livrer une seconde bataille pour rentrer à Metz, s'y faire investir à nouveau.

Mais, à partir de ce moment, le sort de son armée était fixé.

Jusque-là, cette armée n'avait rien perdu de sa valeur. La tentative avortée du 26, n'avait eu aucune influence sur le moral des troupes.

On pouvait y voir une fausse démonstration du maréchal, pour tromper l'ennemi sur ses véritables intentions; ce qui, à ce point de vue, n'aurait même pas manqué d'habileté.

Après Noisseville, le dernier soldat savait à quoi s'en tenir sur la parfaite incapacité du commandement, et la nouvelle de la capitulation de Sedan, survenue quelques jours après, détruisait les dernières illusions.

D'autre part, cette capitulation avait permis d'envoyer, à l'armée d'investissement, des renforts considérables et ses lignes, se couvrant tous les jours de nouveaux ouvrages, étaient devenues, à peu près, infranchissables. L'armée de Metz, allant tous les jours s'affaiblissant, matériellement et moralement, ne pouvait plus être dégagée que par un secours venant du dehors, et que rien ne permettait d'espérer.

Bazaine se rendait compte de cette situation. Vaincu par de Moltke sur le champ de bataille, il ne lui restait qu'à prendre sa revanche en battant Bismarck sur le terrain diplomatique, et c'est ce qu'il essaya de faire.

La prétention était forte, mais la tentative logique.

Bazaine demandait à sortir avec armes et bagages, sur promesse de ne plus porter les armes contre les Allemands, jusqu'à la fin des hostilités. Et, comme il prévoyait que cette simple demande avait peu de chances d'être accueillie, il représentait en outre qu'il aurait à employer son armée pour installer en France un gouvernement régulier, avec lequel l'Allemagne pourrait traiter de la paix définitive. Dans la pensée de Bazaine, Bismarck ne pouvait laisser passer une aussi belle occasion de jeter la discorde, dans le camp de ses ennemis.

Une telle idée ne pouvait germer que dans une cervelle militaire :

Même en admettant la bonne foi de Bazaine, il n'avait pas, sur ses troupes, assez d'autorité pour les décider à combattre leur propre drapeau. Le Gouvernement de la Défense nationale aurait refusé de reconnaître la capitulation, cassé Bazaine aux gages, et employé l'armée de Metz suivant ses vues. Bismarck était l'homme du monde le moins capable de donner dans un tel panneau. Il n'en trouva pas moins l'idée admirable et l'accepta en principe, ce qui combla de joie les innocents de l'état-major français.

Seulement, le digne homme était formaliste et voulait des garanties ; comme garantie, il réclamait l'assentiment de l'Impératrice.

L'Impératrice, réfugiée en Angleterre, n'avait plus aucune action sur la marche des événements. La demande de son intervention, venant d'un homme aussi pratique que l'était Bismarck, aurait dû montrer aux plus simples, que sa seule intention, était de gagner du temps.

On s'empressa néanmoins de lui donner satisfaction et de dépêcher à l'Impératrice le brave Bourbaki, improvisé diplomate, pour la circonstance.

Quand la négociation avec l'Impératrice eut échoué, Bismarck trouva d'autres artifices de chicane, pour amuser ses gens, sans rien relâcher des rigueurs du blocus. Tel était cependant l'aveuglement de Bazaine que, jusqu'au dernier moment, il crut toujours sa combinaison sur le point d'aboutir.

Quand l'armée n'eut plus un jour de vivres, ni un cheval en état d'être attelé, Bismarck jeta brusquement le masque et exigea la reddition pure et simple. Il ne restait qu'à se soumettre.

Tout ce qu'on put obtenir, à titre de faveur, c'est que les officiers conserveraient leurs sabres, à condition de ne pas s'en servir. Plusieurs régiments brûlèrent leurs drapeaux, ce dont ils se sont fait gloire par la suite. Il n'y avait pas de quoi, ces régiments ayant, en même temps, livré leurs armes intactes.

Pendant toute la période de ces négociations, les hostilités avaient été, à peu près, suspendues.

A part quelques escarmouches, il n'y eut qu'un combat sérieux, celui de Ladonchamps, où fut engagée la division des voltigeurs de la garde.

On a cherché à expliquer, par des considérations stratégiques, cette action isolée d'une troupe, qui ne pouvait avoir, à elle seule, la prétention de forcer le blocus. La vérité est beaucoup plus simple :

Des seize divisions d'infanterie qui formaient le gros de l'armée de Bazaine, une seule, celle des voltigeurs, constamment tenue en réserve, n'avait pas tiré un coup de fusil. Il n'eut pas été décent de comprendre dans une capitulation une division tout entière, et surtout une division de la garde, sans lui avoir fait essuyer le feu, au moins une fois. On envoya les voltigeurs remplir cette formalité à Ladonchamps. On se mit hors de combat, de part et d'autre, douze à quinze cents hommes, après quoi, l'honneur étant satisfait, chacun rentra chez soi.

Telle est, en abrégé, l'histoire de la capitulation de Metz.

Quand on examine, de sang-froid, la conduite de Bazaine, on trouve que sa faute principale fut de ne pas avoir donné, à son état-major, l'aptitude qui lui manquait et surtout de n'avoir pas su lui inspirer le sentiment de ses fonctions. Encore, faut-il remarquer que cet état-major, il l'avait trouvé tout constitué et qu'il avait dû s'en servir, tel qu'on le lui avait fourni.

En laissant de côté les arguties juridiques, on ne pourrait taxer Bazaine que d'impéritie, de lâcheté, ou de trahison.

L'impéritie était flagrante, mais les lois ne l'ont pas encore mise au rang des crimes. Si on avait voulu punir l'impéritie, beaucoup d'autres en étaient coupables, autant et plus que lui, et qui n'avaient pas, comme lui, l'excuse d'avoir largement payé de leur personne. C'est tout un bataillon, qu'il aurait fallu conduire au poteau, et où Bazaine n'aurait pas figuré au premier rang.

Il ne pouvait être question de lâcheté : c'était l'homme le plus brave de son armée.

Restait la trahison, d'autant plus difficile à invoquer, que, d'habitude, on trahit pour quelque chose, et qu'on cherchait vainement, quel aurait pu en être le mobile.

Il n'en fallait pas moins trouver un motif de condamnation.

On fit amorcer l'affaire par un certain d'Andlau, homme taré, lequel publia, sur les événements de Metz, un livre où il chargeait Bazaine de tous les péchés d'Israël.

Soit dit en passant, ce d'Andlau fut récompensé de sa besogne par le poste envié de sous-chef de l'État-Major général et un siège au Sénat. Dans cette haute situation, ses friponneries devinrent si publiques qu'on fut obligé de l'expulser de l'armée et du Parlement.

Son livre était moins que médiocre, mais la presse lui fit une telle réclame, que Bazaine, exaspéré, demanda des juges et fut pris au mot.

Le rapport d'accusation fut établi par M. Séré de Rivière, officier du génie, lequel ne se mit pas en frais d'imagination, car son rapport n'est qu'un pastiche du livre de d'Andlau.

Son argument principal consistait à dire que Bazaine, doué probablement de la seconde vue, avait, dès l'origine de la guerre, prévu le triomphe des Allemands, Sedan et la chute de l'Empire.

Et que, en se retirant à Metz, il n'avait eu d'autre but que d'y conserver son armée intacte, jusqu'à la fin des hostilités, pour l'employer à faire un gouvernement de son choix, ou se mettre lui-même à la tête du gouvernement ;

Que si Bazaine était resté enfermé, c'est qu'il n'avait pas voulu sortir, ayant la puissance de le faire, auquel cas, cette sortie, opérée au moment opportun, aurait produit des résultats « incalculables. »

Ce qui fournissait, tout à la fois, le mobile et la preuve de la trahison.

A ce compte, tout général qui perd une bataille serait nécessairement un traître, s'il se trouve un rapporteur pour apprécier qu'il aurait pu la gagner, en faisant meilleur emploi de ses moyens. Le rapporteur ne remarquait pas, non plus, que la seconde partie de son argumentation détruisait la première : Si Bazaine, en se retirant à Metz s'était mis dans le cas d'obtenir des résultats « incalculables » il n'avait point commis une trahison, mais fait l'acte d'un véritable général d'armée.

M. Séré de Rivière fut récompensé de son

travail par la plus haute situation de son service. Il en profita pour remplacer le camp retranché de Metz, où il était criminel de se retirer, par cinq autres, plus considérables, où cela sera, peut-être, licite; et par nombre d'ouvrages de moindre importance. Les Bazaines de l'avenir auront ainsi l'occasion de faire la fortune de leurs rapporteurs futurs.

Aussi, l'arme du Génie qui a trouvé là plus d'un milliard à mettre en moëllons, révère-t-elle le nom de M. de Rivière à l'égal de celui de Vauban.

Restait à trouver des juges.

Ici, les politiciens eurent un trait de génie, lequel consista à faire juger Bazaine par le duc d'Aumale.

Le duc d'Aumale était alors le chef du parti orléaniste, que chacun croyait à la veille de prendre le pouvoir. Il avait trouvé avantageux, pour sa politique, de réclamer le grade de général de division, sous prétexte que, du temps qu'il étrennait ses premières culottes, son papa, étant devenu roi, lui avait donné, pour sa fête, une épaulette et un grand cordon. La raison ayant paru péremptoire au gouvernement de la République, le duc d'Aumale, mis en possession du grade convoité, ne pouvait refuser d'en remplir les fonctions. Tel était l'état de l'opinion, surexcitée par la presse, que s'il avait absous Bazaine, c'était la ruine des espérances orléanistes. Le chef d'un parti politique ne fait pas de ces sacrifices.

On était donc sûr du président et, par lui, de ses comparses.

La justice militaire n'est pas plus mauvaise qu'une autre, quand les magistrats sont laissés libres de suivre l'inspiration de leur conscience. Dans le cas contraire, elle est la plus dangereuse de toutes, parce que le juge militaire a toujours l'excuse de la discipline, à se donner à lui-même, pour se rallier à l'opinion de son supérieur, quand il y trouve son intérêt. Le duc d'Aumale allait être lieutenant-général du royaume, et on parlait de rétablir la pairie.

Bazaine fut donc condamné.

Il semble, pourtant, que le conseil en ait eu une sorte de regret, car, il demanda aussitôt, qu'on n'exécutât point la sentence qu'il venait de prononcer. Ce n'est pas la moindre singularité de ce procès célèbre, que l'unanimité des hauts représentants de l'armée, à demander la grâce de celui qu'ils venaient de condamner pour le plus infâme des crimes.

L'opinion publique avait été si bien faite, que la grâce de Bazaine fut accueillie par un cri général d'indignation. Et encore aujourd'hui, on n'ose prononcer ce nom détesté, sans y accoler une épithète injurieuse, par crainte d'être suspect d'approuver son crime.

C'est ainsi que Bazaine a payé pour tout le monde.

Et, sans doute, aussi pour l'avenir, car, depuis cette époque, on a eu connaissance de bien des fautes et de bien des désordres, sans que, jamais, quiconque ait eu à en supporter la responsabilité.

CHAPITRE X

L'ADMINISTRATION

Personne n'ignore que la politique ne nourrirait pas son homme, si le politicien ne vivait que de ses ressources connues.

La plupart des fonctions électives sont réputées gratuites, et si quelques-unes sont rétribuées, les frais nécessaires pour les obtenir, dépassent de beaucoup le montant des émoluments qui y sont attachés.

Cependant, le politicien vit grassement, quand il a l'esprit de se mettre du coté du manche, et avec lui sa séquelle et la séquelle de sa séquelle.

Alors, d'où vient l'argent ?

Il y a des aubaines, comme le Panama et les conventions. Mais, ces bonnes fortunes reviennent tous les dix ans, et il faut mettre la marmite au feu, tous les jours.

C'est donc le contribuable qui fournit au principal. Mais, par quels voies et moyens?

Les services civils ne peuvent y contribuer pour beaucoup. La majeure partie de leurs crédits passe en traitements au personnel. Cela peut donner des sinécures, pour les agents électoraux, mais ne met rien, directement, dans la poche de l'élu.

Quant à leurs dépenses de matériel, elles se prêtent difficilement à la majoration :

Un ingénieur construit un pont; ce pont n'est peut-être que d'intérêt électoral, il n'en faut pas moins le payer. Et on ne pourrait le compter beaucoup plus cher qu'il n'a coûté réellement, sans la complicité de l'ingénieur. Comme il y a beaucoup de ponts, et que chacun a son ingénieur, cela ferait trop de gens à mettre dans la confidence.

Restent les départements militaires.

Ceux-ci emploient des sommes énormes à leurs approvisionnements de matériel de guerre, lequel ne verra le jour que bien des années après. Si alors, on constate des déficits et des fraudes, les responsabilités seront bien difficiles à établir, et, probablement, couvertes par la prescription.

Les dépenses militaires ouvrent donc un champ illimité au gaspillage.

Pour y voir clair, il faudrait mettre en regard, d'un côté les sommes dépensées, et de l'autre, la valeur réelle de l'outillage que ces sommes ont servi à constituer.

C'est ici qu'intervient le souci de la défense nationale, et des secrets de la mobilisation, qui ne permettent pas d'y laisser regarder.

De sorte qu'on arrive à cette singulière conception du patriotisme :

Que les crédits militaires doivent être discutés et votés au grand jour, afin que, soient voués à l'exécration publique, ceux qui lésineraient ;

Mais, que l'emploi fait de ces mêmes crédits, doit rester soigneusement caché, par crainte que l'étranger n'y trouve des indications, dont il pourrait tirer parti ;

Et, à cette conséquence : que les dépenses

militaires sont indiquées, pour alimenter le budget occulte du parlementarisme.

Rien n'est démonstratif, à cet égard, comme le fameux compte de liquidation, lequel fonctionnait encore quinze ans après la guerre ; la reconstitution du matériel, servant toujours de prétexte à un emprunt continu, sur l'emploi duquel la Cour des comptes ne parvint jamais à obtenir des justifications sérieuses.

La Cour des comptes pourrait rendre d'immenses services, si ses pouvoirs étaient assez étendus. Mais, comme elle n'exerce sa juridiction que sur les comptables et que les ordonnateurs en sont affranchis, son action devient illusoire. On peut avoir payé un sac de blé cinq cents francs ; si le reçu est en bonne forme, la Cour n'a qu'à s'incliner. Il n'y a que l'ordonnateur, qui pourrait trouver la dépense excessive, et lui-même ne dépend que du politicien.

Le rôle de la Cour se réduit donc, ou à peu près, à examiner si les formalités ont été remplies, et à tenir des assemblées où les graves magistrats se font des discours pour se complimenter, réciproquement, sur leurs bonnes intentions, en gémissant de leur impuissance.

Cependant, pour platoniques qu'elles soient, les constatations de la Cour des comptes n'en sont pas moins intéressantes.

C'est ainsi qu'elle entreprit d'examiner le compte de liquidation, et de comparer les résultats obtenus, avec les dépenses correspondantes.

Pour l'armement et les fortifications, il n'y fallait pas songer. La plupart des travaux qui s'y rapportent, n'étant pas soumis aux règles ordinaires de la comptabilité, et à la publicité des adjudications, le moyen principal de vérification fait défaut.

Un général célèbre, visitant un fort nouvellement construit, et s'étant fait rendre compte du prix de revient, demandait si on avait gâché le mortier avec du vin de Champagne.

On comprend tout le danger qu'il y aurait, à laisser connaître la marque à choisir, pour obtenir le meilleur ciment.

Mais, ces considérations n'existent pas pour les fournitures plus prosaïques, telles que les souliers et les capotes. Ici, l'adjudication publique est inévitable, pour les matières premières, et pour les confections. On peut ainsi établir le prix de revient des objets, et, par les situations des magasins, connaître la valeur des approvisionnements.

C'est ce que fit la Cour, pour le service de l'habillement. Elle parvient à comparer la valeur ainsi obtenue avec les dépenses qui s'y rapportaient. Les deux totaux auraient dû se balancer. Il s'en fallait de quelque chose ; une misère : soixante-cinq millions.

Naturellement, la Cour réclama des explications.

Les explications arrivèrent, six mois après, portées par un convoi du train des équipages. Elles se composaient d'un stock formidable de papiers, rayés en long et en travers, surchargés de chiffres, et dûment agrémentés de timbres, cachets et paraphes.

Au déballage, la Cour se déclara incapable de débrouiller ce chaos.

Dans un pays gouverné, on aurait mis, préalablement, sous les verrous, le chef des services administratifs de la guerre, et avec lui, ses principaux acolytes, parce qu'il est impossible qu'un homme dévore, à lui tout seul, soixante-cinq millions.

En France, les choses se passent autrement :

Le chef des services administratifs n'était qu'intendant, on le nomma intendant général, pour qu'il voulût bien consentir à exercer ses talents, dans une autre fonction ;

Et on nomma une commission présidée par un autre intendant, également ambitieux de devenir intendant général.

Après quatre ans de labeur et de séjour à Paris, cette commission accoucha d'un rapport, où il était dit, en substance :

Qu'elle avait trouvé des documents permettant d'expliquer, à la rigueur, l'emploi d'une vingtaine de millions. Mais que, pour le surplus, ses investigations n'avaient fait découvrir quoi que ce fût.

Que, en conséquence, le mieux était de passer la différence aux profits et pertes et l'éponge sur le tout.

Après quatre ans, l'affaire, qui, au début, avait occupé la presse, était à peu près oubliée. On choisit pour publier le rapport, le moment où quelque Pranzini accaparait l'attention générale. Le rapport passa inaperçu, et le président eut sa troisième étoile. Tout est bien qui finit bien.

Cependant, l'opinion publique aurait pu se trouver, une autre fois, moins accommodante et il importait de prévenir le retour d'un pareil événement.

C'est alors qu'on décida de tenir deux comptabilités au lieu d'une, la première, dite du service courant, et l'autre, dite du service de réserve.

Vous allez comprendre le mécanisme de la chose :

Il y a, par exemple, dans un magasin, dix mille boutons de guêtre. Une administration ordinaire ferait inscrire ces dix mille boutons, sur un seul et même registre. Mais, ce serait trop simple, et il suffirait de lire le registre, pour savoir le nombre exact des boutons que possède le magasin.

Alors, on en fait deux groupes dont on inscrit l'un, sur un registre nᵒ 1, et l'autre, sur un registre nᵒ 2. Et de même pour tous les autres objets.

Au premier abord, vous pourriez croire qu'il n'y a là qu'une complication inutile, et qu'il suffit de totaliser les deux registres, pour connaître la situation d'ensemble.

Mais, comme la distinction est purement arbitraire, on ne sait jamais au juste dans quelle proportion il a lieu de répartir, entre le nº 1 et le nº 2. De sorte que les bureaux du ministère sont constamment obligés d'éclairer les comptables, en leur multipliant les instructions minutieuses et contradictoires ; d'où une source indéfinie d'erreurs, par omission ou double emploi.

Ajoutez que les registres 1 et 2 sont eux-mêmes compliqués d'une foule d'autres, dits accessoires, pour inscrire les manutentions et transformations qu'on fait subir au matériel, et qu'il y en a encore d'autres, supplémentaires, pour justifier les passages du nº 1 au nº 2 et réciproquement.

Et vous comprendrez que, dans ce fatras, il devienne impossible au plus habile vérificateur de s'y reconnaître, et à la Cour des comptes d'établir une situation exacte, sur laquelle elle pourrait baser ses vérifications.

Le sublime de la chose, c'est que cet étrange

système, adopté à la suite de l'affaire des soixante-cinq millions, a été présenté au public, comme un moyen infaillible de prévenir le retour de pareils désordres.

Il faut rendre cette justice aux inventeurs, qu'ils ont, du moins, merveilleusement réussi à en empêcher la constatation.

Le système a subi quelques modifications, consistant surtout à changer les mots. Le service de réserve s'appelle maintenant : réserve de guerre. Ou bien, on a mis l'un des comptes au titre de l'État, et l'autre à celui du régiment, comme si, le régiment et l'État, ce n'était pas toujours la princesse. Mais le système est resté le même : compliquer à l'infini, sous prétexte de régularité, afin de rendre la vérification impraticable.

Pour que de pareils procédés aient pu s'introduire dans une administration réputée jadis, sinon habile, du moins intègre et scrupuleuse, il faut qu'elle ait été désorganisée, son contrôle rendu illusoire, et ses personnels affaiblis et démoralisés.

L'histoire de cette désorganisation est si

étroitement liée à la transformation de nos institutions militaires, qu'il convient de l'exposer,
avec quelque détail, et, pour ce faire, je suis
obligé de prendre la question d'un peu loin :

L'administration militaire a deux missions à
remplir :

La première est de pourvoir et de distribuer;

La seconde, de tenir la main à ce que personne ne prenne, ou ne reçoive, au delà de ce
qui lui est dû.

Établissons d'abord que ces deux fonctions
ne peuvent être remplies par les mêmes
agents :

L'administrateur qui a mission de pourvoir
aux besoins d'une formation de troupes, est
nécessairement l'agent et le subordonné du
chef de cette formation. Autrement, l'autorité
de celui-ci ne serait pas réelle. Il pourrait
faire parader ses soldats, mais il serait hors
d'état de les mouvoir, puisqu'il n'aurait pas le
moyen d'assurer leur subsistance, à l'endroit
où il voudrait les conduire.

Au contraire, celui qui a mission de tenir
chacun dans la limite de son droit, agit en

vertu de règlements, qui émanent du pouvoir central, et dont il doit exiger l'application par tous, et par le chef lui-même, auquel il ne peut, par conséquent, pas être soumis.

Un homme ne peut être, à la fois, le subordonné d'un autre et indépendant de lui ; les deux fonctions sont donc incompatibles.

Dans le temps, déjà ancien, où l'armée était sainement organisée, personne n'aurait contesté cette évidence ; c'est pourquoi les administrateurs militaires étaient partagés en deux groupes :

Ceux qui étaient chargés d'assurer aux troupes la satisfaction de leurs besoins : c'étaient les commissaires des guerres.

Et ceux qui vérifiaient et arrêtaient les comptes, faisant reverser dans les caisses publiques à qui avait perçu en trop : c'étaient les inspecteurs aux revues.

Le principe est de tous les temps, parce que la nature de l'homme est immuable, et que toujours, le double but à atteindre sera de satisfaire à ses besoins légitimes, et de restreindre l'excès de ses appétits.

Cette organisation administrative, dont la

longue expérience des guerres de l'Empire
avait démontré la valeur, fut bouleversée, au
commencement de la Restauration, par Gouvion-Saint-Cyr, qui réunit en un seul corps les
commissaires des guerres et les inspecteurs
aux revues, pour en faire l'Intendance militaire.

Le but de Gouvion était politique. Son gouvernement se méfiait, non sans motif, des généraux que lui avait légués l'Empire. En leur
enlevant toute action sur l'administration de
leurs troupes, il les mettait hors d'état de s'en
servir contre lui. C'est pourquoi Gouvion fit
décider que l'Intendance ne dépendrait que du
seul ministre.

Cette organisation pouvait fonctionner, sans
trop d'inconvénients, en temps de paix, parce
que les troupes, ne quittant guère leurs garnisons, le rôle de leurs chefs se bornait à des
exercices et à des revues. Mais elle offrait, pour
le cas de guerre, les inconvénients les plus
graves et préparait les désastres futurs.

C'est ce dont il importe de se rendre compte.

La conduite des grandes opérations de guerre
est dominée par la nécessité de faire vivre les

armées. On peut mettre le contraire dans les lois ; toutes les entreprises de l'homme n'en resteront pas moins subordonnées à l'obligation de manger, et aux moyens de satisfaire ce besoin inéluctable.

C'est pourquoi l'habile agencement des moyens de pourvoir est la condition indispensable du succès pour les opérations de guerre à grand développement, les seules qui puissent amener de grands résultats.

D'où il résulte que la connaissance approfondie de ces moyens administratifs, est d'autant plus indispensable au chef militaire, que l'importance de sa fonction s'élève davantage, jusqu'à devenir la dominante de sa capacité, quand il occupe le rang suprême.

Il n'y a pas eu de grand général qui n'ait été, en même temps, un habile administrateur, et on ne naît pas administrateur ; on le devient, par l'étude et par la pratique.

En constituant l'Intendance en corps fermé et en l'affranchissant de l'action des chefs militaires, Gouvion-Saint-Cyr amenait nécessairement, ceux-ci, à se désintéresser de l'administration de leurs troupes, et les mettait

dans l'impossibilité d'acquérir la connaissance
et la pratique des moyens de pourvoir, indispensables à l'exercice du haut commandement.

Et les conséquences de ce défaut d'éducation
administrative devaient se faire cruellement
sentir, chez ceux qui parvenaient aux situations, où l'on a de grandes opérations à diriger.

C'est pourquoi on a toujours vu, en France,
depuis cette époque, les généraux les plus ex-
périmentés et les plus justement renommés,
devenir incapables, le jour où ils passaient du
second rang au premier, parce qu'ils ne pouvaient subordonner leurs conceptions à des
considérations qui leur échappaient.

Il est vrai que les grands généraux de la
République et de l'Empire manquaient presque
tous de cette préparation indispensable, comme
de toutes les autres. Mais, ils étaient arrivés au
commandement, à un âge où on s'instruit encore, par ses propres fautes.

Bonaparte a eu l'heureuse fortune de conduire sa première campagne, avant d'avoir
trente ans, dans un espace restreint, où les
erreurs administratives n'avaient pas de conséquences graves, à cause du peu d'amplitude

des opérations. Il s'y est instruit pour la
suite.

Le système de Gouvion-Saint-Cyr ne conte-
nait pas seulement, en germe, la désorganisation du commandement, mais encore celle de
l'administration elle-même, parce que les
doubles fonctions, confiées aux intendants,
allaient les mettre en butte à des attaques in-
cessantes, et qui ne pouvaient manquer d'amener, tôt ou tard, leur déconsidération et leur
affaiblissement.

Quand on donne à des administrateurs la
mission de tenir chacun dans la stricte limite
de ses droits, on peut être assuré que, s'ils
remplissent rigoureusement leur mandat, ils
auront à peu près autant d'ennemis que d'administrés. Dès lors, à cette fonction, il faut se
garder d'en adjoindre une autre, dont la critique puisse donner satisfaction aux rancunes
des mécontents, qu'aurait faits la première.

Les attributions des commissaires des guerres,
confiées aux intendants, les exposaient d'autant plus à ce danger, que leurs ennemis pouvaient paraître désintéressés, et animés seule-

ment du louable désir d'éviter aux soldats les souffrances, que leur imposait une administration mauvaise ou prétendue telle.

Ce qui rendait la manœuvre facile, c'est que, à la guerre, les motifs de plainte étaient fréquents. Il est impossible, en effet, aux chefs qui ne se rendent pas compte des nécessités administratives, de combiner leurs plans, sans mettre constamment leurs pourvoyeurs aux prises avec des difficultés insurmontables.

D'où, les souffrances, malheureusement trop réelles, commodes à imputer aux agents d'exécution, en négligeant de remonter aux causes.

C'est ainsi que, pendant un demi-siècle, l'Intendance, à la suite de toutes les guerres, a été en butte aux attaques les plus vives, perdant sans cesse du terrain, mais conservant, cependant, ses principales positions, grâce à l'appui du pouvoir central.

Mais, après 1870, le gouvernement, devenu le parlementarisme, n'avait plus les mêmes raisons, au contraire, pour maintenir une rigoureuse surveillance des dépenses militaires, et passa du côté des assaillants.

Dès lors, ce fut, dans la presse, un concert

ininterrompu de récriminations et de reproches, tellement général, qu'on finit par persuader au public, que c'était au mauvais fonctionnement des services de l'Intendance, qu'il fallait attribuer la principale cause des désastres de 1870.

C'était le contraire de la vérité ; non que les intendants se fussent montrés bien habiles, mais, parce que, habiles ou non, les vices d'organisation et les fautes du commandement leur avaient rendu la tâche impossible.

L'Intendance était donc condamnée à succomber ; une circonstance fortuite précipita sa ruine :

Au cours de la guerre, il s'était trouvé nombre d'officiers des troupes combattantes, qui, au voisinage de l'ennemi, furent pris de coliques et d'aptitudes administratives, non soupçonnées jusque-là.

Ceux qui avaient des protections et de l'entregent, réussirent à se faire employer, comme auxiliaires, dans les services de l'Intendance

La guerre finie, ces auxiliaires auraient dû rejoindre leurs régiments, où les collègues leur préparaient l'accueil qu'on devine, ce qui les mettait dans la fâcheuse alternative d'essuyer l'affront journalier, ou de renoncer aux douceurs de l'émargement mensuel.

En telle occurrence, ils sentirent le besoin de se syndiquer, firent masse de leurs influences, et à force de démarches et de sollicitations, surtout en faisant valoir, auprès des politiciens, les services occultes qu'ils pourraient rendre, parvinrent à se faire titulariser, au mépris de la loi, et malgré les chefs de l'Intendance, qui n'en voulaient à aucun prix, sentant le danger d'un pareil recrutement.

Le syndicat avait donné à ses membres de trop bons résultats pour ne pas rester constitué.

Quand, dans une corporation, un groupe particulier a réussi à imposer sa volonté aux chefs de la corporation, il ne tarde pas à y devenir prépondérant, parce qu'il est bientôt rallié par les habiles, même par ceux qui l'ont combattu, désireux d'employer cette force au profit de leurs ambitions, en apportant leur concours en échange.

Si ce groupe est une élite, il n'y a que demi-mal, parce qu'il peut se montrer difficile, dans le choix de ses adhérents. Mais si c'est le contraire, comme dans la circonstance, c'est l'élément douteux qui lui apporte son renfort.

La composition de l'Intendance est hétérogène : beaucoup de fonctionnaires sont honnêtes et capables, ayant pris cette voie pour échapper à la contrainte du service journalier. C'est peut-être parmi ceux-là, qu'on trouverait les intelligences les moins déprimées par le service militaire.

Mais d'autres cèdent à des considérations moins avouables, depuis le simple poltron, qui songe à sa sécurité, jusqu'à celui qui sort de son régiment, à la façon du domestique qu'on envoie se faire pendre ailleurs, avec un bon certificat. On comprend quelle déconsidération devait jeter sur l'Intendance, jadis haïe, mais respectée, la puissance acquise par un groupe, ainsi constitué et renforcé.

Le résultat n'était pas pour déplaire, aux politiciens d'abord, certains de trouver aux postes importants des gens à leur main ;

Et aux administrés, ensuite, heureux de profiter de cet abaissement pour échapper à une surveillance gênante et réclamer ce qu'ils appellent leur autonomie.

C'est ainsi que l'Intendance se vit enlever successivement les plus beaux fleurons de sa couronne, et perdit toute action sur le recrutement, sur le service médical et sur les remontes.

Il ne reste que les corps de troupes, qui soient encore soumis à son contrôle, du moins en apparence, car elle a conservé l'ordonnancement de leurs dépenses et la charge d'apurer leurs comptes.

Seulement, ce contrôle est devenu impuissant :

Depuis qu'il y a des armées, les chefs ont eu tendance à présenter des états d'effectif supérieurs aux existants réels, de manière à faire tomber dans leur caisse noire, la solde attribuée au complément fictif.

Du temps des armées professionnelles, on louait des individus, dits *passe-volants*, qui se présentaient le jour de la revue pour figurer ce complément.

La conscription a changé le procédé, mais non la méthode. Aujourd'hui, les hommes soldés existent bien tous, mais, il suffit qu'on les laisse rentrer chez eux, sans signaler leur absence, pour bénéficier de ce qu'ils auraient reçu, s'ils avaient été présents.

Rien, non plus, n'est plus facile que de leur faire faire tout autre métier que celui de leur destination, et tirer profit de leur travail.

Comme l'effectif d'une troupe est la base qui détermine les allocations qui lui sont dues, il n'y a donc de vérification possible, que si l'agent chargé de ce soin, passe, fréquemment, et à l'improviste, des revues de cet effectif. Il n'y a pas d'autre moyen de constater la présence réelle des hommes soldés, la régularité de leur emploi, et en outre de s'assurer, par interrogations directes, s'ils reçoivent exactement ce qui leur est dû, et si rien n'en reste aux mains des intermédiaires.

On n'a pas supprimé franchement les revues d'effectif, mais on les a d'abord réglementées de manière à empêcher qu'elles aient lieu à l'improviste, et en retirant, aux ordonnateurs, leurs moyens principaux de contrôle.

Et, comme, dans ces conditions, les revues ne pouvaient plus donner de résultats, elles ont fini par tomber en désuétude.

Par suite de quoi, les intendants, théoriquement chargés de surveiller l'administration des troupes, n'ont plus qu'à accepter, les yeux fermés, les renseignements qu'on veut bien leur fournir. Et, que leur rôle se borne à totaliser des chiffres, dont rien ne leur permet d'apprécier l'exactitude.

Il est vrai que les ministres lancent de temps à autre des circulaires, pour proscrire les abus et interdire les masses noires, mais ils n'ont garde d'y donner aucune sanction.

Cependant, toujours théoriquement, les intendants ont conservé les attributions des commissaires des guerres, sous l'autorité et la direction des chefs militaires.

Rien ne serait plus normal que cette organisation, si les généraux n'étaient hors d'état d'exercer cette direction, faute de connaître le fonctionnement des services de cette nature.

Alors, ils se déchargent de ce soin sur les officiers de leur état-major, lesquels n'en connaissent pas davantage, mais ne sauraient laisser échapper cette occasion d'intervenir, où ils n'ont que faire.

Le plus souvent, cette intervention se traduit par d'interminables correspondances qui aboutissent, presque toujours, à paraphraser les propositions des intendants. La perte de temps, qui en résulte, n'a pas de trop gros inconvénients, en temps de paix, mais elle aurait, à la guerre, les plus fâcheuses conséquences.

Pour comble de gâchis, l'Artillerie, en se faisant attribuer le commandement du train des équipages, sous prétexte de similitude d'essieux, a réussi à accaparer les moyens de transports, que l'Intendance ne peut plus obtenir, sinon en les lui demandant, par l'intermédiaire de l'Etat-Major.

De sorte que, le service qui a charge d'approvisionner les troupes, ne dispose pas des moyens de leur faire parvenir leurs ravitaillements. Pour les obtenir, il est obligé de s'adresser à un autre, qui ne les possède pas non plus, mais les fait livrer par un troisième; le second se réservant la direction des mouvements et le dernier, l'autorité sur le personnel et le matériel.

Avec de pareilles chinoiseries à mettre sur pied, c'est merveille qu'il ne faille que deux mois, pour agencer des manœuvres de garnison.

Heureusement, que des problèmes aussi ardus, ne se présentent pas souvent. En temps ordinaires les fonctionnaires de l'Intendance, allégés de leurs principales attributions, n'ont guère à faire que tenir des écritures en ordre, et remplir des formalités sans conséquence. Depuis qu'ils ne gênent plus personne, la presse, qui fut si dure pour eux, leur est devenue presque favorable.

Ceux que l'ambition tourmente, ont la ressource de s'affilier au groupe influent, lequel les place au ministère, ou dans les services qui s'y rattachent.

Cette organisation de la haute Intendance mérite d'être exposée.

Il y a une section technique qui étudie les affaires, un comité qui les discute, une direction, avec ses bureaux, qui prend les décisions et le ministre qui signe.

Ce n'est pas le système de la division du travail ; c'est celui de la dispersion des responsabilités. Si une affaire menace de mal tourner, on ne sait jamais au juste si c'est la section qui a mal étudié, le comité qui n'a pas vu clair, la direction qui s'est trompée, ou si le ministre n'a pas réclamé des changements avant de signer. Pour plus de sûreté, dans les affaires importantes, on ajoute une commission, où on fait figurer des officiers étrangers, peu en état d'apprécier des questions qui ne sont pas de leur ressort, et auxquels il ne reste guère qu'à opiner du bonnet.

Avec un tel luxe de précautions, on peut commettre, même volontairement, les erreurs les plus graves, sans risquer jamais d'encourir un reproche.

C'est de l'usine ainsi agencée, que sortent les règlements compliqués, avec leur suite habituelle de notes explicatives, supplémentaires, rectificatives et autres, dont j'ai essayé de mettre le but en évidence.

C'est elle qui produit les volumineux cahiers des charges, pour les fournitures militaires, avec conditions draconiennes et multiples, qui ne pourraient être satisfaites que par la perfection, laquelle n'est pas de ce monde. De sorte que, pour se risquer à ces entreprises, il faut savoir compter sur une indulgence, accordée seulement à ceux qui savent s'en rendre dignes.

C'est encore là que se poursuit la recherche des préparations à choisir pour l'alimentation des troupes, et la constitution des approvisionnements. Il ne paraît pas que ces recherches aient toujours été couronnées de succès :

Pour ne parler que des produits les plus importants, il a été bruit de conserves de viande dangereuses à ceux qui avaient l'imprudence d'y mettre la dent. On a su aussi, malgré les mesures pour éviter les indiscrétions, qu'il avait fallu enfouir d'immenses quantités de ces approvisionnements, sans qu'on ait jamais pu, ou voulu, découvrir à qui incombait la responsabilité de ces gaspillages.

C'est encore pis pour le biscuit, dit pain de guerre, que jamais on n'a pu décider les soldats à consommer. La valeur de cet aliment est pourtant d'une extrême importance, puisqu'il constitue la ressource principale des armées en campagne. J'en ai publié une étude complète, non sans quelque succès.

Les mêmes méthodes appliquées au matériel ont fait adopter des machines étranges, telles que les fours à roulettes, les sommiers à ficelles, les caisses pliantes et autres innovations, témoignant d'un manque absolu de sens pratique, ou d'une fâcheuse prédilection, pour les inventions saugrenues, mais brevetées, dont l'acquisition est affranchie des formalités de l'adjudication publique.

La plus surprenante de ces inventions a été la marmite individuelle de campement, dont le titre seul démontre l'absurdité, parce qu'un ustensile de ce genre est, nécessairement, à usage collectif. Quand les soldats sont au camp, le même ne peut se trouver à la fois, à la corvée, à la garde, à la distribution et à la cuisine, de sorte que celui qui fait la soupe, doit la faire pour plusieurs.

Cette évidence n'ayant pas apparu, aux études préalables, non plus qu'aux subséquentes, l'inventeur, nommé Bouthéon, fut déclaré génial et un marché passé pour la fourniture de sa marchandise. La plupart des corps d'armée en étaient déjà pourvus, avec défense de s'en servir, tant qu'il resterait des précédents systèmes, quand un officier trop zélé, voulant juger du coup d'œil, fit placer, pour la manœuvre, les nouvelles marmites sur le sac de ses hommes.

Au retour, toutes coulaient comme des cribles, la pression des courroies ayant fait éclater les soudures.

Le nouveau matériel n'était pas seulement inutilisable ; il n'était pas non plus transportable.

La chose fit scandale, et l'administration se tira d'affaire, en décidant que les marmites Bouthéon seraient réservées, pour le service de l'armée territoriale.

De cette manière, elles ne sont plus exposées à voir le jour, avant la prochaine mobilisation. L'armée territoriale s'en arrangera comme elle pourra.

Tous les moyens, d'ailleurs, ont été essayés pour éluder les garanties de l'adjudication publique et en rendre les formalités illusoires.

Le coup le plus audacieux, qu'on ait tenté dans ce but, s'est fait sur la fourniture des draps destinés à l'habillement des troupes.

Il faut dire que la chose en valait la peine, car la dépense annuelle de cette fourniture dépasse vingt millions, et, comme les marchés embrassent une période de neuf ans, c'était, en tout, une affaire de près de deux cents millions.

Dans les pays civilisés et même dans les autres, quand on annonce une adjudication publique, cela veut dire que la fourniture appartiendra, à celui qui aura proposé de la faire au meilleur compte.

Il s'agissait, par des combinaisons savantes, d'arriver au résultat opposé :

On préluda par une campagne de presse, pour expliquer au public :

Que les adjudications ordinaires ont le défaut de provoquer une concurrence excessive ;

Que cet excès de concurrence amène des rabais exagérés, lesquels risquent de mettre les fournisseurs en perte ;

Et que les fournisseurs en perte, ont tendance à se récupérer, en fraudant sur la qualité de leurs livraisons ;

Que, par suite, ceux qui offrent leur marchandise à trop bon compte, au jugement des lumières administratives, doivent être considérés comme des spéculateurs de mauvaise foi, et comme tels, exclus, au préalable, du concours.

Le terrain ainsi préparé, on annonça que l'adjudication pour la fourniture des draps aurait lieu suivant cette nouvelle méthode ; et que l'administration avait arrêté des prix minima, tenus rigoureusement secrets. Il fut dit que les concurrents, lorsqu'ils auraient soumissionné au-dessous, seraient évincés de la fourniture.

A la séance d'adjudication, ces prix minima se trouvèrent établis de telle sorte, que la plupart des concurrents furent exclus, pour offres inférieures, et que, quelques-uns, qui n'étaient pas les plus sérieux, ayant soumissionné, à des prix excessifs, furent mis en possession de la totalité de la fourniture.

Le problème était donc résolu et le résultat exactement contraire à celui qu'on a l'habitude de chercher, dans ce genre d'opérations.

Par malheur, au nombre des fabricants évincés se trouvait un député, nommé Balsan, lequel prit mal la chose, refusa les bonnes raisons qu'on lui offrait, et menaça de porter l'affaire devant le Parlement.

C'était mettre le ministre, alors M. de Freycinet, en mauvaise posture.

Le principe de son nouveau système d'adjudication était déjà difficile à défendre. Mais, le fait d'avoir attendu, pour l'expérimenter, une occasion qui se présente seulement tous les neuf ans, et qui s'applique au marché le plus important de la Guerre, dénonçait trop clairement la manœuvre. Le ministre dut capituler.

On découvrit, à propos, qu'une menue formalité avait été omise et l'adjudication fut annulée.

Quand on la recommença, quelques semaines après, il ne fut plus question de prix minima.

D'après ce qui précède, on pourrait croire que la haute Intendance est composée d'hommes sans scrupules, pillant, à qui mieux mieux, les deniers publics.

La vérité est toute autre.

Il est rare qu'on ait accusé, avec vraisemblance, l'un de ces fonctionnaires d'avoir tiré profit direct, des opérations véreuses, auxquelles il prêtait la main. La plupart sont, dans la vie privée, d'une probité indiscutable : l'intendant général aux soixante-cinq millions évaporés, vivait sans faste et n'a pas laissé de fortune.

J'ai montré comment la haute Intendance était devenue un foyer d'intrigues, et comment les gens les plus médiocres, y arrivent à satisfaire leurs ambitions. A de telles pratiques, le sens moral s'émousse et on finit par ne plus trouver de répréhensible, que ce qui tombe, absolument, sous le coup des lois.

Joignez à cela l'état d'esprit particulier aux hommes, longtemps soumis, à la discipline militaire, et qui leur fait trouver naturel, de prêter leur concours aux pires spéculations, pourvu que les chefs en prennent la responsabilité et que eux-mêmes n'en encaissent pas le produit.

Et vous comprendrez que, de bonne foi, ils trouvent légitimes les récompenses accordées à ce qu'ils appellent leur zèle et leur dévouement, et qu'ils cherchent à tirer le meilleur profit, des situations ainsi obtenues.

Cela donne lieu, parfois, à des histoires drôles, comme celle qui fit, pendant six mois, les délices de la garnison de Vincennes :

L'administration de la guerre possède, dans

cette ville, un atelier bien monté ; on y envoie des ouvriers, souvent habiles, pour accomplir leur service militaire ; l'un d'eux était un marqueteur, véritable artiste dans sa profession.

Le haut fonctionnaire, qui présidait aux destinées de l'atelier, ne pouvait manquer une pareille occasion de se faire confectionner, à bon compte, un ouvrage de haut style, qui serait la gloire de son salon.

Le chef-d'œuvre parachevé, on le mit sur la voiture et on commanda une corvée, pour pousser à la roue, et mettre en place la chose.

De Vincennes à la Bastille, il y a loin, quand on pousse une voiture, et, le travail terminé, les hommes avaient soif. Le haut fonctionnaire donna majestueusement deux sous, au chef de la corvée, pour faire boire son monde.

La difficulté était de partager équitablement le décime.

On l'enchâssa dans le calendrier à effeuiller qui ornait la chambre des soldats. Et chaque matin, l'un d'eux, à tour de rôle, en allant arracher la feuille, décrochait cette manière d'ostensoir, et en donnait la bénédiction à ses collègues, avec un discours approprié.

La cérémonie eut du succès, et de tous les coins de la caserne, on venait y assister.

Le jour de la libération de la classe, le dernier officiant encaissa la somme.

Quand on exploite sa place par des moyens aussi sudorifiques, c'est qu'on n'a point de part dans les grosses rapines.

Alors, où va l'argent ?

C'est la réciproque à la question que je posais, au début du présent chapitre.

Si vous voulez le savoir, rendez-vous compte de ce qui se passe au Parlement, si un fâcheux vient y poser des questions indiscrètes. Le ministre a l'air de tomber des nues ; il ne sait rien de ce que personne n'ignore, il parle à côté de la question, et promet des enquêtes dont on ne connaît jamais le résultat. Observez l'embarras général, les cris et les interruptions qui couvrent la voix de l'orateur. Si quelque fonctionnaire, trop notoirement compromis, subit un semblant de défaveur, renseignez-vous sur les compensations qu'il ne tarde pas à obtenir. Si un autre a refusé son concours à de louches opérations, renseignez-vous encore, et vous saurez quelles lâches représailles il a eu à subir.

Observez, dans ces circonstances, la nervosité de la presse, et comment elle joue de l'honneur de l'armée et des secrets de la défense nationale, pour empêcher de soulever ces questions brûlantes.

Et, si vous n'êtes pas fixé, c'est que vous ne voulez pas l'être.

CHAPITRE XI

LES CONTRÔLEURS

Les Contrôleurs de l'Administration de l'armée sont des fonctionnaires, dont la fonction consiste à ne pas remplir les attributions que leur titre semblerait indiquer. Il n'y a là rien de paradoxal ; il est logique que les politiciens ne veuillent pas détruire les abus dont ils vivent, mais on comprend qu'ils tiennent à pouvoir affirmer le contraire : d'où le titre sans la fonction.

Au reste, la même loi qui a institué le Corps du contrôle a pris soin de le désarmer, en faisant défense aux contrôleurs d'intervenir dans l'exécution des services administratifs.

Un contrôle qui n'intervient pas est une mystification : quand vous allez toucher vos rentes, vous présentez vos titres au contrôle, qui les vise s'il les trouve en règle ; vous figurez-vous la caisse n'en payant ni plus ni moins, que le contrôle ait, ou non, accordé son visa ?

On ne contrôle pas des comptabilités dont la complication défie toute concurrence, en jetant un regard d'aigle sur des registres et sur des liasses. Il faut des vérifications minutieuses, qui exigent un personnel approprié. Par surcroît de précaution, ces singuliers agents ne possèdent ni bureaux, ni secrétaires : ils n'ont droit qu'au coup d'œil d'aigle. C'est pire que chez Soulouque : tous généraux ou colonels, et pas même un soldat pour faire le scribe.

Les précautions sont bien prises ; les contrôleurs n'ont ni le pouvoir, ni le moyen de contrôler, et l'envie, encore moins, sachant ce qu'il en coûte.

Quand le hasard les met sur la trace d'une irrégularité, ils ne sauraient apporter trop de prudence dans leurs recherches, pour éviter de

soulever des questions à trop grosses conséquences :

Il y a quelques années, un contrôleur se
trouvait à Bellegarde.

Il apprit que de vastes bâtiments n'avaient
d'autre emploi que de fournir au logement du
garde d'artillerie et de sa famille.

Emporté par son zèle, ce contrôleur ouvrit
une enquête, laquelle fit découvrir que les
vastes bâtiments ne devaient pas seulement
loger le garde, mais encore un approvisionnement considérable d'obus chargés.

Ces obus avaient été fabriqués pour des canons d'un nouveau système, lesquels n'avaient
jamais existé, sinon à l'état de projet, projet
qui avait été abandonné.

C'est un procédé connu, pour forcer la main
aux pouvoirs publics, lorsqu'on veut faire
adopter une nouveauté, que de construire
d'abord les accessoires qui s'y rapportent ;

Ainsi placés devant le fait accompli, il est
rare que ces pouvoirs refusent les crédits qu'on
leur demande.

Pour une fois, le coup n'avait pas réussi, ou
bien il était survenu un inventeur plus génial

et mieux recommandé. De sorte qu'il fallait se débarrasser du stock déjà constitué des munitions devenues inutilisables. On l'avait envoyé en pays perdu, et emmagasiné dans des locaux qui étaient censés dépendre d'un logement d'employé de l'artillerie. Là, bien protégé contre les indiscrétions par le secret de la défense nationale, il dormait en paix, en attendant la consommation des siècles.

Celui qui ne dormait pas en paix, c'était le garde, mal rassuré par cet inquiétant voisinage. Et il n'avait trouvé rien de mieux que de déménager peu à peu ses dangereux locataires et d'en remplir les caves de la caserne. De cette façon, il avait conquis la sécurité, pour lui du moins, et étendu son domaine. L'extension du domaine avait attiré l'attention du contrôleur.

Celui-ci fit rapport du tout. En quoi il eut tort. Il aurait dû s'apercevoir bien vite qu'il n'avait pas seulement affaire à un agent inférieur trop grandement logé, et s'arrêter à temps, pour ne pas atteindre beaucoup plus haut.

On le combla d'éloges, pour son zèle et sa

perspicacité et, quelque temps après, il obtenait, prématurément, sa retraite. Quand on est investi d'une mission de confiance, il faut savoir la remplir avec discernement.

Aussi, est-il sans exemple, qu'au cours de ses prétendues vérifications, un contrôleur ait découvert une fraude.

Depuis cette création, beaucoup de militaires ont été traduits devant les diverses juridictions, sous préventions variées ; aucun contrôleur n'a jamais eu besoin de se déranger pour apporter sa déposition à la justice ; c'était toujours un autre qui avait relevé le délit.

Cependant, en quelques circonstances, on les a fait intervenir dans des affaires, qui devaient se dénouer devant les tribunaux. La plus connue est celle, dite des faux poinçons, qui a failli devenir célèbre.

On sait comment est née cette affaire : Il y avait un gros comptable de Paris, qui volait, de concert avec des entrepreneurs, sous l'œil bienveillant de ses chefs. Ce comptable, fier de ses hautes relations, en était d'autant plus insolent, avec ses inférieurs. Un jour, il malmena un petit officier, lequel riposta, en lui reprochant ses friponneries. D'où, punitions et intervention de l'intendant général qui, naturellement, se mit du côté du comptable.

Le petit officier se rebiffa : il avait des amis dans la presse, qui prirent son affaire en main. A ce moment, Panama était fini, et Dreyfus pas encore inventé, la presse manquait de copie et un gros scandale venait à point. La chose pouvait prendre des proportions graves ; il fallait aviser.

Comme il y avait des complices civils, l'affaire ressortissait au juge d'instruction. On lui adjoignit un contrôleur, pour guider ses pas, dans ces arcanes ténébreuses.

Ici, je suis obligé de suspendre mon récit, pour faire à mon lecteur, un petit cours de flibusterie, et lui expliquer, comment on peut voler, en apposant des faux poinçons sur les effets militaires. J'ai dit : comment on peut voler, et non pas, comment on vole. Il est donc entendu que nous sommes dans le domaine de la pure hypothèse.

Le public s'imagine qu'il suffirait à un comptable, d'apposer de fausses marques de réception, sur des objets de mauvais aloi, et de les introduire dans ses magasins, pour bénéficier de la différence de valeur. L'opération n'est pas tout à fait aussi simple. Les commissions de réception tiennent registre des quantités qu'elles reçoivent. Si on ne faisait que d'ajouter, il y aurait plus d'objets payés, que d'objets reçus; la fraude sauterait aux yeux, et les coupables seraient aussitôt pris. Les comptables et les fournisseurs ne mangent point de ce pain-là.

Pour que le coup réussisse, il faut avoir le placement rémunérateur des fournitures loyales, régulièrement reçues, auxquelles on peut alors substituer, en quantité égale, les fournitures de mauvais aloi. C'est pourquoi, ce genre de fraude ne peut guère se pratiquer, que sur les cuirs et sur les étoffes, notamment sur les draps. Il y a des armées étrangères, qui emploient de ces matières, des mêmes types que la nôtre, ce qui permet de leur repasser les marchandises détournées. Quant au remplacement, il s'effectue avec ce qu'on appelle, en argot de métier, de la renaissance; c'est-à-dire avec des draps fabriqués en refilant des débris de coupe, ce qui donne une étoffe identique d'aspect, mais dépourvue de résistance.

Il va sans dire qu'un comptable n'aura pas plutôt introduit une pièce de renaissance dans ses magasins, qu'il se hâtera de la transformer en pantalons ou en capotes, ce qui nécessite la complicité de l'entrepreneur des confections. Les effets ainsi confectionnés, sont expédiés, au plus vite, aux corps de troupe, où ils prennent leur rang d'ancienneté pour être distribués, dix ou douze ans après. Naturellement, ils sont en loques après quinze jours de service. On met le détenteur à la salle de police, pour mauvais entretien de ses effets, et tout est fini par là.

Le bon contrôleur, chargé de tirer au clair l'affaire des faux poinçons, ignorait probablement ces détails, car il se contenta de passer la revue du magasin central de Paris. Il est vrai que, là, il opérait en conscience, voyant chaque objet à la loupe, et en réitérant. Vers le même temps, le service des douanes signalait bien des expéditions de draps militaires, sur la Roumanie, pour une valeur de six à sept millions ; l'armée roumaine est une de celles qui emploient les mêmes draps que la nôtre. Mais le bon contrôleur était si scrupuleux qu'il ne parvenait pas à saisir la relation ; on lui aurait montré les reçus des pots de vin, qu'il aurait demandé à voir l'acte du notaire et la preuve de l'enregistrement.

Après six mois de ce manège, il était parvenu à mettre la main sur quelques fausses bottes, qu'on avait négligé d'évacuer à temps, et dont les marques n'étaient pas catholiques. Il y en avait en tout pour six mille francs. A ce chiffre d'affaires, les fraudeurs ne couvraient pas leurs frais généraux et ils en étaient de leur poche. C'était cependant suffisant pour édifier un rapport. Ensuite duquel, on infligea un semblant de défaveur à l'intendant général aux accointances trop connues avec le comptable et ses acolytes. A ceux-ci, le tribunal correctionnel octroya, de son côté, quelques années de prison. Le bon contrôleur fut promu général. Justice était faite et l'affaire enterrée.

Ceux qui ont inventé le Corps des contrôleurs militaires, ont eu cependant autre chose en vue que de créer une nouvelle catégorie de grasses sinécures. Dans ces temps reculés, car cette innovation date de 1882, on se figurait encore que l'armée accepterait difficilement d'avoir à sa tête un ministre civil. Les fortes têtes du Parlement avaient donc imaginé de donner le titre à une vieille giberne, pour porter le panache et passer la revue, et de lui adjoindre un sous-secrétaire d'État, politicien, pour exercer l'autorité réelle. Le politicien, ne connaissant rien aux rouages de l'administration, n'aurait pu avoir seul action sur les bureaux. Dès lors, il lui fallait un état-major à sa main. Les contrôleurs devaient constituer cet état-major. Et un état-major dans les grands prix, car il y en a au moins un demi-cent, les contrôleurs tout court, payés comme des préfets, et les contrôleurs généraux, rentés comme des ambassadeurs.

La combinaison échoua pour deux motifs :

D'abord, on reconnut qu'il était parfaitement indifférent à l'armée que son ministre fût général, avocat, ou apothicaire, et que, du moment qu'il détenait la feuille des bénéfices, il avait toujours droit aux mêmes respects, et aux mêmes adulations.

Ensuite, les ministres de la guerre, sans

exception, s'opposèrent de tous leurs moyens à
l'adjonction qu'on voudait leur faire ; les militaires furent les plus rétifs. Cela se comprend ;
un titulaire ne pourrait supporter un adjoint,
dont l'état-major serait plus nombreux et mieux
brodé que le sien.

De sorte que le Corps du contrôle, demeuré
en panne, était exposé à sombrer au premier
vent, s'il n'avait eu à sa tête un homme de
génie, nommé Prioal, lequel l'orienta dans sa
véritable direction, et lui fit conférer la haute
mission de préparer le budget de la guerre.

Il y a bien longtemps qu'on fait des budgets,
en France et ailleurs, et c'est merveille, qu'on
ait attendu jusqu'à maintenant, pour découvrir
qu'ils ont besoin de préparateurs spéciaux.

Quoi qu'il en soit, voici en quoi consiste cette
préparation :

Il y a un ministre de la guerre, qui demande
pour son département le plus d'argent possible,
et une commission du budget, qui est censée
examiner ces demandes, pour n'y faire droit, que
dans les mesures du nécessaire.

La commission du budget se compose de
parlementaires ambitieux, d'ailleurs hors d'état

d'apprécier la convenance des demandes de crédit dont ils sont saisis, et dont le seul but est de se mettre en vue, pour entrer, à leur tour, dans la prochaine combinaison ministérielle.

Le rôle des contrôleurs est de servir d'intermédiaires avec la commission du budget, pour faire passer les couleuvres que leur ministre se propose de lui faire avaler. Ils lui accordent, en échange, des concessions fictives, ou grotesques, comme la diminution de mou, aux chats de la manutention, ou odieuses, comme la suppression du sou de supplément, qu'on donnait jadis, aux soldats de première classe.

En plus, les contrôleurs fournissent, au rapporteur de la commission, les éléments de son rapport, lequel se compose habituellement d'une enfilade de calembredaines, bourrées de termes techniques, faits pour donner au vulgaire une haute idée des capacités du ministrable.

Il faut reconnaître que les contrôleurs remplissent leur mission à la pleine satisfaction des parties, sinon à celle des contribuables.

On leur doit encore une autre trouvaille, presque aussi géniale que la précédente : la comptabilité des dépenses engagées.

C'est très savant, et ici, j'ai besoin de toute votre attention :

Vous avez envie d'un pantalon : vous le commandez à votre tailleur et, si vous êtes un homme ordonné, quand vous réglerez votre facture, vous en inscrirez le montant sur votre carnet de dépenses; voilà la comptabilité ordinaire.

Si vous êtes ultra-ordonné, au lieu d'un carnet, vous en avez deux, et sur l'autre, vous inscrivez la commande du pantalon, le jour où vous l'avez faite à votre tailleur.

C'est en cela que consiste la comptabilité des dépenses engagées.

Vous demanderez à quoi cela peut servir?

Voici :

Supposez que vous soyez un homme ultra-ordonné, quoique sans ordre, et que vous ayez un tuteur bénévole, habitué à payer vos folies, après de douces remontrances.

Telle est, au juste, la situation de l'administration, vis-à-vis du Parlement. Si vous tenez registre de vos dépenses engagées, et que votre tuteur ait la fantaisie d'y aller voir, il n'en paiera ni plus, ni moins, mais vous recevrez, immédiatement, les douces remontrances que, sans cela, vous n'auriez essuyées que plus tard, en lui demandant d'ouvrir sa caisse.

Plus pratiquement, cela sert à compliquer au double des comptabilités déjà inextricables, à motiver ainsi l'entrée dans les bureaux d'un plus vaste contingent de gratte-papiers, mis à l'abri des intempéries et des balles, et à faire croire aux naïfs, que jamais l'emploi de leur argent n'a été si bien surveillé, puisqu'on a inventé des procédés extraordinaires pour y tenir la main.

Vous me direz qu'il serait plus simple, de laisser les dépenses indûment engagées, au compte de qui de droit ;

Les contrôleurs sont gens trop avisés, pour qu'une idée aussi subversive leur vienne jamais.

Ils préfèrent, et non sans raison, demeurer en paix avec chacun, agréables à tous, ne gênant personne, mettant en pratique le sage précepte de l'estaffier Gilbert :

L'un me paie pour parler, et l'autre pour me taire ;
Je les sers tous les deux.

Ce qui légitime la double paie, avec la faculté que seuls ont conservée les contrôleurs de l'administration de l'armée, de faire suer le kilomètre.

Rien ne donne à penser que cette bizarre institution soit près de disparaître. Il est probable qu'elle s'écroulera à l'imprévu, comme un château de cartes. Mais le souvenir en restera comme de l'un des mieux réussis, parmi les champignons poussés sur le fumier parlementaire.

CHAPITRE XII

LE SERVICE MÉDICAL

Les Médecins militaires se recrutent parmi les jeunes gens de la classe bourgeoise, pourvus du diplôme de bachelier, mais dépourvus, le plus souvent, de ressources suffisantes pour compléter leur instruction et traverser les premières années, si pénibles pour les hommes sans fortune, du début dans les carrières libérales.

A ceux-ci, l'État offre l'instruction gratuite et, pour le reste du temps, le grade d'officier, dans un régiment ou dans un établissement de santé. La période totale est de dix ans.

On comprend que, pour jouir de pareils

avantages, il y ait foule. Aussi, l'École de santé militaire de Paris étant devenue insuffisante, on a été obligé d'en créer une seconde, à Lyon.

A l'expiration du délai, ceux des jeunes docteurs qui se trouvent les aptitudes nécessaires pour médicamenter leurs concitoyens, avec succès, rentrent dans la vie civile. Les autres embrassent définitivement, dans l'armée, la carrière de fonctionnaires médicaux.

C'est la sélection à rebours.

Nous avons dit fonctionnaires, parce que ces médecins sont beaucoup plutôt des agents administratifs que des praticiens. En effet, quel que soit leur désir d'acquérir la pratique de leur art, ils ne peuvent trouver, que par exception, le moyen de l'exercer :

Il y a, en France, dix-sept ou dix-huit mille médecins civils, y compris ceux qui n'exercent pas et ceux qui n'exercent plus. D'après le chiffre de la population, cela donne à chacun une clientèle de deux mille deux cents personnes. Et, il faut croire qu'ils n'en sont pas surmenés, à en juger par la passion qu'ils ont mise à se débarrasser de la concurrence des officiers de santé.

Les médecins militaires sont environ treize cents, pour donner leurs soins aux quatre cent cinquante mille hommes de l'effectif présent. Cela fait, pour chacun, à peu près trois cent quarante clients.

Numériquement, le rapport entre les deux clientèles est donc de un à sept.

Mais, les soldats sont des jeunes gens de vingt à vingt-cinq ans, triés sur le volet, et acceptés seulement, parce qu'on les a trouvés nets de toute tare ou prédisposition morbide. Ils sont soumis à une existence régulière, active et sobre. Cet élément ne devrait fournir que peu de malades ; incomparablement moins que la population civile, laquelle comprend les enfants, les femmes, les vieillards et les valétudinaires.

Le médecin militaire voit donc, non pas sept fois, mais vingt ou trente fois moins de malades que son confrère civil.

S'il avait à les traiter, il n'y trouverait déjà qu'une occupation technique insuffisante pour y acquérir la pratique de son art et pour la conserver.

Mais, telle n'est pas sa fonction essentielle.

Dans l'armée, un malade est une non-valeur, coûteuse et encombrante. Il serait d'une mauvaise administration de la conserver; on a déjà trop d'hommes valides, puisqu'on est obligé de renvoyer les classes, avant l'expiration de leur temps de service.

La véritable mission du médecin militaire n'est donc pas de guérir ses malades, elle est de s'en débarrasser, au meilleur compte possible. Son talent se mesure au petit nombre de journées d'hôpital qu'il est obligé d'accorder. Aussi, n'y admet-il ses soldats qu'à la dernière extrémité, et aussitôt entrés, il n'a plus qu'une préoccupation, qui est de les en faire sortir.

Il dispose, pour cela, de la réforme et du congé, ou réforme temporaire.

Dès qu'un sujet paraît assez gravement atteint pour que son rétablissement semble douteux ou éloigné, on le réforme et on le renvoie chez lui.

Mais, alors, une grave question se pose :

On a pris cet homme sain et valide, après l'avoir officiellement reconnu et déclaré tel. Au régiment, on a réglé, par ordre, jusqu'à la moindre de ses actions. S'il devient malade ou infirme, la responsabilité en incombe donc à l'administration militaire, qui lui doit la réparation du préjudice causé. Tout au moins, est-ce à elle de faire la preuve que le cas est dû à la faute de l'intéressé.

C'est ce qu'il s'agit d'éviter.

La réforme, sans indemnité, est une sorte de compromis, offert à l'infirme, de la liberté immédiate, en échange de la renonciation à son droit d'être indemnisé. S'il refuse, on lui fait remarquer que, avant de lui accorder la réforme, avec pension, il est nécessaire d'essayer de le guérir. Menacé de subir la thérapeutique, gratuite mais obligatoire, de M. le major, le malheureux n'insiste pas.

Sur vingt réformes prononcées dans ces conditions, dix-neuf sont accordées sans indemnité ni gratification. Encore, pour la vingtième, exige-t-on la preuve d'un fait de service, cause directe de l'accident.

Cependant, comme cette manière de procéder donne lieu à des plaintes et à des récriminations, on évite autant que possible la réforme immédiate, et on préfère recourir au congé ou réforme temporaire.

Le système consiste, dès la première indisposition sérieuse, à envoyer le malade se soigner chez lui, sauf à le reprendre, après guérison, et à recommencer, s'il y a lieu.

Quand le sujet est rentré dans ses foyers, la jeunesse, l'air natal, le repos et la bonne nourriture, au besoin, les soins d'un praticien éclairé, ne tardent pas à le remettre sur pied, quand il a de quoi.

S'il n'a pas de quoi, le travail étant impossible, la misère s'ajoute au mal, lequel s'aggrave et on prononce la réforme définitive.

Mais, il est bien entendu que, dans l'un et l'autre cas, le sujet s'étant soigné à sa fantaisie, l'administration militaire est déchargée de toute responsabilité. Le problème est ainsi résolu avec élégance : pas de frais, ni avant ni après, et pas de critique possible pour personne.

Il reste donc aux médecins militaires, pour toute occupation professionnelle, le traitement des affections bénignes ou accidentelles, qui peuvent atteindre une clientèle déjà réduite aux plus infimes proportions.

On vient de voir que, considérés comme agents administratifs, ces fonctionnaires médi-

caux sont remarquables. Personne ne s'en tire-
rait à meilleur compte. Si, au lieu d'hommes,
l'armée avait réquisitionné des chevaux ou du
matériel, ayant reçu le tout en bon état, elle
devrait restituer de même, ou payer la dépré-
ciation. Aucun tribunal n'en jugerait autrement.

Seulement, quand on regarde les choses de
plus haut, on est effrayé des facilités que
donnent ces procédés trop habiles, à l'autorité
militaire, pour se dispenser de ménager le
capital humain, dont elle a charge. S'il fallait
payer, il faudrait aussi ménager. Aucun intérêt
n'est plus grave. Toute la jeunesse valide
passe sous les drapeaux. Si elle ne quitte la
caserne, aussi saine qu'elle y est entrée,
l'avenir de toute une race est compromis.

On comprend, par ce qui précède, que les
fonctions remplies par les médecins militaires
n'aient que peu de rapports avec l'exercice de
la profession médicale.

Ils peuvent avoir toutes les qualités personnelles et posséder la connaissance théorique
de leur art. Mais, à part quelque-uns, qui ont

pu trouver, dans les très grandes villes, l'emploi de leurs facultés, les autres sont condamnés, par leur nombre, à n'acquérir aucune pratique. Comme cet art exige une pratique constante, le médecin qui cesse d'exercer, a bientôt perdu sa valeur professionnelle. C'est encore pis, pour celui qui n'a jamais pratiqué sérieusement.

Cette situation, déjà grosse de dangers, en temps de paix, ne peut manquer d'avoir à la guerre les conséquences les plus déplorables. Là, l'inexpérience du médecin se traduit aussitôt par l'exagération des pertes. S'il s'agit de blessures, le sort du patient dépend, presque toujours, de la promptitude à juger le cas et à pratiquer l'opération convenable;

Si un commencement d'épidémie se manifeste, il faut l'enrayer dès le début : une heure perdue ou une fausse mesure peuvent entraîner les conséquences les plus funestes.

Tout cela exige une sûreté de coup d'œil qui ne peut résulter que d'une expérience consommée. Les médecins militaires ne la possèdent, ni ne peuvent la posséder.

Telle est la cause principale de la mortalité excessive qui décime les troupes en campagne, surtout au début des expéditions.

Pendant longtemps, les médecins militaires ont eu un moyen commode d'en décliner la responsabilité. Jusqu'à 1882, ces médecins n'avaient à remplir que des fonctions techniques. Les hôpitaux et les ambulances relevaient, au point de vue des installations matérielles et des approvisionnements, des administrateurs militaires.

Il est certain que la valeur de ces installations, ainsi que la qualité et l'abondance des ressources matérielles, ont la plus grande influence sur les résultats, que le médecin peut attendre de ses traitements et de ses opérations.

Dès lors, en cas d'insuccès, ce médecin avait toujours la facilité d'en rejeter la faute, sur l'insuffisance des moyens mis à sa disposition.

Mais, en 1882, le service médical de l'armée a conquis ce qu'il appelle son autonomie, c'est-à-dire, qu'il a réalisé son ambition, d'adjoindre à ses fonctions techniques, l'administration et la conduite de ses établissements.

Depuis, il se trouve seul en cause, et il ne

paraît pas que les résultats en soient devenus meilleurs ; bien au contraire.

Peut-on rien imaginer de plus lamentable que l'hécatombe de Madagascar? Sans doute, tous ceux qui ont concouru à l'organisation de ce gâchis célèbre, ont rivalisé d'impéritie. Mais la palme en revient au service médical qui, cependant, se préparait de longue main. Ce service n'a su, ni réclamer les précautions hygiéniques nécessaires, ni faire ses installations, ni les pourvoir ; il a même manqué de médicaments. Il n'a su, ni appliquer le traitement convenable à ses malades, ni les évacuer à temps, ce qui était facile, puisque les trains refluaient constamment à vide, pour venir se réapprovisionner à la côte.

On avait, pourtant, monté ce service avec un luxe de personnel, qu'on ne saurait atteindre, à beaucoup près, dans une guerre générale.

En fixant le cadre des médecins militaires, on a fait une cote mal taillée, ne s'adaptant ni aux besoins du temps de paix, ni aux nécessités de la guerre. Leur nombre, démesuré dans les circonstances ordinaires, devient tout à fait insuffisant dans l'autre cas.

C'est qu'alors, non seulement les effectifs sont quintuplés, mais les chances d'accident ou de maladie incomparablement accrues. Aucune organisation ne réclamerait donc une plus grande élasticité.

Pour atténuer le déficit, on a créé les médecins de réserve, fournis par les médecins civils, que leur âge appelle encore à faire partie de l'armée active ou de sa réserve.

La ressource est sérieuse, mais encore bien insuffisante, parce que, ceux qui peuvent échapper à ce genre de réquisition, montrent peu d'empressement à venir se subordonner à leurs confrères militaires.

L'organisation actuelle du service médical de l'armée aboutit donc à ce résultat : pléthore de personnel en temps de paix, insuffisance numérique en temps de guerre ; incapacité professionnelle en tout temps.

A cela, le remède est indiqué :

Il y a une loi dont personne ne conteste le principe ; c'est celle qui déclare que tous les citoyens doivent également et personnellement le service militaire.

Il est en outre entendu que chacun d'eux sera employé au mieux de ses aptitudes.

Dès lors, il est rationnel que tous les médecins soient affectés au service médical de l'armée. Rien n'est plus facile que de retarder l'appel des jeunes gens qui se destinent à cette carrière, pour leur permettre de prendre leurs grades, et de les employer ensuite, temporairement et à tour de rôle, pour remplir les fonctions de leur compétence. Ce serait même un avantage pour eux : chacun préfère accomplir le temps de service qu'il doit à l'État, dans des fonctions d'officier, plutôt que de porter le sac du soldat.

On ne saurait prétendre que la même maladie réclame un traitement différent, suivant qu'elle afflige un militaire ou un civil : s'il n'y a pas de maladies spéciales aux militaires; le médecin spécial pour les militaires est un non-sens.

La loi qui a établi le service militaire, pour tout le monde, devait donc avoir pour conséquence logique la suppression du corps des médecins militaires, qui ne se comprend plus que pour le service de la marine et des colonies.

Sur le territoire continental, on doit y pourvoir par l'organisation du service militaire des médecins.

C'est le seul moyen d'avoir le personnel proportionné aux besoins, en temps de paix comme en temps de guerre, et de l'avoir constamment exercé. De plus, la dépense en serait trois ou quatre fois moindre.

Malheureusement, l'application de ce principe rencontrera toujours, de la part des chefs de l'armée, la plus vive opposition. Jamais l'autorité militaire ne renoncera, de bon gré, à rester maîtresse de la carrière des médecins qu'elle emploie. C'est que, s'ils pouvaient librement parler, de trop grosses responsabilités seraient mises au jour.

Le médecin civil, s'il remplissait temporairement les fonctions, actuellement dévolues aux médecins militaires, conserverait son indépendance scientifique et deviendrait, par la force des choses, un obstacle aux pratiques abusives et aux excès d'autorité. C'est cela dont on ne veut, dans l'armée, à aucun prix.

Quand il transpire quelque chose des sévices, dont les soldats peuvent être victimes, ou des accidents graves ou mortels qui surviennent dans les troupes ; quand on y signale les progrès de l'alcoolisme, les représentants du pays réclament des enquêtes qu'on leur promet toujours et qui n'aboutissent jamais.

Cela est facile à comprendre.

Toute enquête de ce genre a pour base le rapport que fournit l'homme de l'art, à la suite de l'étude dont on l'a chargé.

L'homme de l'art, c'est le médecin militaire.

Quel est celui qui oserait écrire :

Que si les soldats ont souffert, jusqu'à en venir au suicide, c'est qu'ils subissaient des mauvais traitements ou des brimades que les chefs toléraient ;

Que, si l'épidémie s'est déclarée dans la caserne, c'est que l'autorité avait négligé les précautions hygiéniques les plus élémentaires ;

Que, si le régiment est resté sur la route, c'est que le colonel, trop zélé, surmenait son monde, pour se faire ressortir.

Que, si les malheureux affaiblis se jettent sur l'alcool, c'est que l'administration leur distribue, sous prétexte de les nourrir, des préparations sans valeur alimentaire, quand elles ne sont pas toxiques.

Il sait bien qu'il y briserait sa carrière, et les temps héroïques sont passés.

C'est ce qu'on appelle maintenir la discipline.

L'exercice du commandement, quand il n'y a pas de contrôle, et que les responsabilités ne sont jamais effectives, conduit nécessairement aux abus d'autorité.

Quand un soldat est devenu infirme au service, s'il réclame la pension à laquelle il a droit, sa réclamation pourrait avoir pour effet de causer du désagrément à ses chefs.

C'est donc un indiscipliné et il incombe au fonctionnaire médical de le mettre à la raison.

Le Corps des médecins militaires n'a pas d'autre raison d'être.

CHAPITRE XIII

LES REMONTES

Quand un homme de bon sens achète un cheval, il ne se contente pas de le regarder et de le faire trotter devant lui; il le demande à l'essai, dût-il le payer un peu plus cher. S'il opérait autrement, il ne pourrait s'en prendre qu'à lui-même des suites de son imprudence.

Mais, si un particulier, ayant besoin d'un cheval, achetait un poulain, dans l'espoir de trouver le dit poulain, quelques années après, bon pour son service; ce particulier mériterait un conseil judiciaire.

Tel est pourtant le système de l'administration des remontes de l'armée et on ne saurait lui en faire reproche, parce qu'elle subit des influences, auxquelles elle n'est pas en état de se soustraire.

Aussi ce procédé lui donne-t-il les résultats détestables que nous allons essayer de mettre en évidence.

A cet effet, établissons d'abord le prix réel de revient du cheval de guerre, prêt à entrer en campagne.

Il est reconnu, par les spécialistes, que ce n'est qu'à partir de l'âge de six ans qu'un cheval de selle peut être utilement employé au service de guerre. Ce n'est qu'à ce moment qu'il a acquis la force de résistance nécessaire, et, si on voulait l'employer activement plus tôt, en peu de jours il serait blessé ou fourbu et hors d'état de suivre son escadron.

A la guerre, un cheval qui ne peut suivre, n'est pas une non-valeur, c'est une valeur négative, ne rendant aucun service, causant des embarras, consommant des rations et immobilisant son cavalier.

Aussi les anciens réglements, très sages, interdisaient l'achat, pour le service de l'armée, du cheval de moins de cinq ans.

Les opérations s'effectuant pendant toute l'année, l'âge moyen des jeunes chevaux était par conséquent compris entre cinq et six ans.

En comptant sur une période d'au moins six mois, pour dresser la bête, l'accoutumer au port de la charge et donner à ses muscles la résistance que leur procure le régime de l'avoine; on voit que les remontes n'achetaient que les chevaux immédiatement utilisables.

On a changé tout cela, et actuellement, la plupart des chevaux destinés à la selle sont achetés entre trois et quatre ans.

C'est donc une période inutile d'à peu près deux ans, pendant laquelle l'administration des remontes est obligée de se faire éleveur, entretenant, *manu militari*, ses achats, dans les dépôts de transition ou les fermes hippique et finissant par en encombrer les régiments, dont un escadron, le 5ᵉ, n'est guère monté autrement. Cet escadron est, par suite, si peu utilisable, qu'on ne saurait le faire figurer même à de simples manœuvres.

Ceci posé, on voit que pour établir le prix de revient du cheval de guerre, il faut tenir compte de trois éléments :

Les frais antérieurs à l'achat ;

Le prix d'achat ;

Les dépenses ultérieures, pour atteindre l'époque d'utilisation.

Le premier élément est facile à déterminer.

Le budget annuel de l'administration des haras, créé pour encourager la production du cheval de remonte, est de huit millions six cent mille francs. La remonte achète douze mille chevaux par an. Chaque animal acheté se trouve donc grevé d'une dépense préalable de 715 francs.

Le prix moyen d'achat se déduit aussi facilement des crédits budgétaires ; il varie un peu d'une année à l'autre et oscille autour de 950 francs. Quant aux dépenses ultérieures, elles comprennent, d'une part :

Les frais de nourriture, bien connus par les documents officiels, variables suivant le prix des denrées et correspondant à une dépense moyenne journalière de 1 fr. 65, soit, pour 24 mois, 1200 fr. ; et d'autre part, une foule de dépenses de casernement, de transports, de frais de tournée, d'entretien du personnel, de médicaments, etc., noyées dans les divers chapitres du budget et qu'il serait impossible d'évaluer, même approximativement.

Pour en tenir compte, je vais admettre, en restant au-dessous de la vérité, que l'effectif du personnel spécial à ce service, est de la moitié de celui des chevaux et que chaque unité de ce personnel entraîne, tout compris, une dépense annuelle de 600 francs, ce qui ajoute pareille somme au prix de revient de chaque cheval pour les deux années d'inutilisation.

En récapitulant, on trouve, sans le déchet :

Dépenses préliminaires	715	fr.
Prix d'achat.	950	»
Dépenses ultérieures { nourriture. . . .	1.200	»
{ accessoires . . .	600	»
	3.465	fr.

Quant au déchet, par morts ou accidents, il est évalué au sixième, dont il convient de majorer le total ci-dessus, ce qui donne quatre mille francs environ, pour le prix de revient définitif.

Tel est le résultat de l'entretien par voie administrative et de l'élevage, *manu militari*;

un peu plus que le triple de la valeur réelle.

On arriverait au quadruple, si on appliquait le calcul aux seuls chevaux de selle, car, ces procédés d'acquisition n'ont aucune raison d'être, pour les animaux de trait, dont le commerce fournit de tout âge, en tout temps, et à des prix très abordables.

Au moins, pour ces prix excessifs, la qualité de la remonte, en France, est-elle équivalente à celle des nations voisines ?

On pourrait discuter là-dessus, si on n'avait à cet égard un élément infaillible d'appréciation : l'âge moyen de la réforme, dans les différentes armées.

Chacun comprend, en effet, que toutes les fois qu'on possède un bon cheval, on tâche de le conserver le plus longtemps possible et que, dans le cas contraire, on saisit toutes les occasions pour s'en débarrasser.

Nous possédons la race anglo-normande, la plus résistante qui existe ; nous payons beaucoup plus cher que les autres, sans doute pour être bien servis, nous pourrions espérer avoir au moins l'équivalence.

Voici quel est l'âge moyen de la réforme des

chevaux dans les principales armées européennes :

Allemagne : quatorze ans et deux mois.

Angleterre : quatorze ans et demi.

Autriche : treize ans et sept mois.

France : douze ans.

Italie : treize ans et deux mois.

Russie : quinze ans et demi.

Ce n'est pas encore tout : ce chiffre inférieur de douze ans est lui-même faussé et devrait être considérablement réduit. La cavalerie française n'écoule pas seulement ses non-valeurs, par voie de réforme, elle a un autre moyen de s'en débarrasser, ce qui rend moins apparente l'infériorité de sa remonte. Je veux parler de la fourniture aux officiers de toutes armes et de tous services.

Dans la plupart des armées étrangères, les officiers achètent leurs chevaux comme ils l'entendent ; leur solde étant réglée en conséquence. L'autorité n'intervient que pour les obliger d'être pourvus, comme il convient aux besoins de leur service.

Il n'en est pas de même en France, où les régiments de cavalerie fournissent aux ayant-droit, les montures que les règlements leur attribuent.

Les officiers subalternes sont remontés à titre gratuit.

Ce qui signifie : que s'ils ne sont pas contents de ce qu'on leur donne, ils ont la faculté de se pourvoir ailleurs, avec leur argent, quand leurs moyens le leur permettent, ce qui n'est point le cas habituel.

Il faudrait aux colonels de cavalerie une vertu peu commune, pour ne pas saisir l'occasion de se débarrasser des mauvais chevaux de leur régiment.

Les temps vertueux étant passés, le lot des officiers subalternes se compose habituellement des animaux que l'élevage, *manu militari*, a rendu rétifs et par suite, de mauvais emploi dans la troupe, où ils jettent le désordre.

Quand le client forcé s'est aperçu, après quelques chutes, qu'il n'est pas maître de sa monture, il demande à la réintégrer. Cela s'obtient sans difficulté et on la remplace par une pire, en lui faisant observer, avec une douce ironie, que c'est peut-être le cavalier qui n'a pas toutes les aptitudes désirables. En plus, on le met à l'amende, sous prétexte de moins-value.

Il est rare qu'il sollicite un nouveau remplacement. Une statistique intéressante, serait celle qui permettrait de comparer le nombre des accidents de cheval dans les diverses armées. A en juger par leur fréquence chez nous, il est présumable que nous détenons, à cet égard, un brillant record.

On n'use pas de la même désinvolture avec les officiers supérieurs qui sont remontés à leurs frais.

Comme ils reçoivent une indemnité correspondante, c'est toujours la princesse qui paie. Mais, l'intéressé a la faculté et le moyen d'acheter dans le commerce, s'il ne trouve pas à sa convenance, dans les régiments de cavalerie.

En conséquence, le lot des officiers supérieurs est composé des animaux prématurément ruinés, hors d'état de faire un service actif, mais, ayant conservé de belles apparences et capables de conduire leur cavalier à la revue de Longchamp, et même de l'en ramener, à condition de ne pas recommencer le lendemain.

Beaucoup de ces militaires, n'en demandent, d'ailleurs, pas davantage.

On ne paie, il est vrai, que le prix d'achat du poulain, diminué des annuités pour le temps de service écoulé.

Il paraît que c'était encore trop cher, et que beaucoup d'officiers supérieurs trouvaient préférable de se pourvoir dans le commerce, portant ainsi préjudice à l'élimination des rosses.

Pour y obvier, on a inventé le système de l'abonnement, qui permet à l'acquéreur de se libérer sans débours immédiat, au moyen d'une faible retenue mensuelle. De plus, l'État prend à sa charge les médicaments, la ferrure et tous les risques d'accident.

On aurait mauvaise grâce à retirer sa clientèle à un fournisseur aussi accommodant.

Mais, comme ces procédés ingénieux ne font que rendre moins apparentes les conséquences du système en vigueur, il est intéressant de rechercher comment on est venu à réaliser si complètement le problème d'obtenir le pire résultat avec le maximum de dépenses :

Il n'en coûte ni plus ni moins, pour faire un cheval de selle, que pour un cheval de trait de même âge et de même force. Cela dépend du choix des reproducteurs ; pour le surplus, les soins à donner et les frais de nourriture sont les mêmes.

Cependant, si le cheval de selle n'était pas payé plus cher que celui de trait, ou si des avantages notables n'étaient assurés aux éleveurs pour faire le premier, ceux-ci ne produiraient que du trait et jamais de la selle.

Cela est facile à comprendre.

Le cheval, pour être employé comme monture, doit réunir des conditions de force et de souplesse, qu'on n'est pas toujours certain de réaliser, quelques soins qu'on apporte à la production et à l'élevage.

Il en résulte que, toujours, parmi les sujets faits en vue de la selle, il s'en trouve un certain nombre, qui ne sont pas utilisables pour ce service, et dont on ne peut se défaire que pour être employés à l'attelage.

Il y a alors double perte : d'abord pour insuffisance de qualité, ensuite, pour défaut de conformation, l'animal fait pour la selle, n'étant pas, toutes choses égales d'ailleurs, aussi propre aux efforts de traction, que s'il avait été fait pour le trait.

Au contraire, ce dernier trouve toujours son emploi, et on est, par suite, assuré de le vendre, plus ou moins cher, suivant la qualité.

L'élevage du cheval de selle entraîne donc une chance de perte spéciale, et aucun industriel ne s'y livrerait, si une compensation ne lui était assurée, pour faire la contre-partie de cet aléa.

Les conditions n'étaient pas les mêmes, il y a deux ou trois siècles. Dans ces temps reculés, le pays n'était pas sillonné de routes comme aujourd'hui et la plupart des transports s'effectuaient à dos de cheval ou de mulet. Par suite, le cheval fait en vue de la selle, et qui n'était pas complétement réussi, était assuré de trouver son emploi comme animal de bât. En outre, les grands seigneurs mettaient leur luxe dans leur cavalerie et n'hésitaient pas à payer à de très hauts prix les montures irréprochables, donnant ainsi la prime la plus efficace à l'élevage du cheval de selle.

Les éleveurs, ainsi encouragés, apportaient

tous leurs soins à cette production, et de cette manière, s'étaient constituées les vieilles races françaises, si justement célèbres, et qui ont à peu près disparu aujourd'hui.

Mais, le développement des voies de communication ayant amené l'abandon presque général des transports à dos, et comme, d'autre part, on se mit à la recherche des beaux attelages pour les carrosses, les éleveurs trouvèrent avantageux de faire des animaux de trait, de plus en plus employés, et délaissèrent la production du cheval de selle, de moins en moins en faveur.

Le premier résultat de cette transformation fut de créer des difficultés considérables à la remonte de la cavalerie ; difficultés que les fortes têtes du temps attribuèrent à la grande consommation de chevaux qu'on avait faite pendant les dernières guerres.

C'était une hérésie économique. La grande consommation entraîne toujours la grande production, et jamais le cheval de selle n'est aussi abondant qu'aux époques de guerres continuelles ; le besoin amenant les hauts prix, et ceux-ci déterminant l'offre et tout ce qu'il faut pour la réaliser.

C'est chez les peuples les plus voisins de l'état habituel de guerre, qu'on trouve le plus de chevaux de selle et chez nous, où on n'en a point détruit, depuis trente ans, on a les plus grandes difficultés à s'en procurer.

De cette fausse appréciation est née l'institution des haras, dont le principe même constitue une fausse conception administrative.

Je crois avoir établi que, de nos jours, la production du cheval de selle ne pouvait être déterminée que par des avantages importants, accordés aux éleveurs qui se livrent à ce genre d'industrie.

Deux moyens sont concevables pour atteindre ce résultat.

L'un, le plus simple, coûteux en apparence, en réalité de beaucoup le plus économique et le seul efficace, consiste à payer largement. Il faut, en effet, que le prix d'achat comprenne, non seulement la valeur intrinsèque, mais encore l'indemnité pour les risques courus à faire un cheval de selle, lequel pourrait ne pas trouver acquéreur, pour ce genre de service.

C'est le moyen direct, celui qui prime le produit réalisé et réussi, l'argent dépensé allant au but, avec certitude et intégralement.

L'autre système est celui qui consiste à récompenser, non pas celui qui fournit le produit cherché, mais celui qui manifeste l'intention de le réaliser, au jugement des lumières administratives.

C'est le système en usage, pour lequel a été instituée l'administration des haras.

Même, si on admet que tout se passe avec la plus parfaite sincérité, aussi bien de la part des éleveurs que de celle des administrateurs, il faut compter avec l'incertitude des prévisions humaines, les frais considérables et les procédés compliqués, inhérents à toute administration publique. Une grande partie de la dépense est ainsi absorbée par le jeu de la machine; l'utilisation ne peut être que médiocre.

Mais, si on tient compte de l'ignorance, de la mauvaise foi, de l'abus des influences latérales, politiques ou autres, ce n'est plus une grande partie, c'est la plus grande partie de la dépense qui est inutilisée ; le résultat devient mauvais ou nul.

C'est donc vers ces deux termes : médiocrité

ou nullité des résultats, que le système d'encouragement par voie indirecte, tel que le pratique l'administration des haras, est inévitablement destiné à aboutir.

De même, les gens qui se mettent en dépense de frivolités, pour plaire aux personnes vénales, font plus de frais et ne réussissent pas aussi bien que s'ils y allaient tout simplement de leur monnaie.

On a l'air de croire que si les éleveurs ont cessé de faire le cheval de selle, c'est faute d'avoir conservé la bonne recette ou le moyen de l'appliquer. L'administration, infaillible par nature, se donne charge de leur enseigner le tout.

La vérité est que si les éleveurs ne font plus le cheval de selle, ce n'est pas qu'ils ignorent le procédé, ou que le moyen leur en manque, c'est parce qu'ils ne veulent pas, et ils ne veulent pas, parce qu'ils ont l'intérêt contraire.

On cherche à les déterminer à travailler à l'opposé de leurs intérêts par d'ingénieux procédés administratifs et, aussi, en leur assurant des avantages très réels.

Dans ces conditions, les industriels cherchent

toujours à profiter des avantages offerts au meilleur compte possible. Alors, ils cherchent des produits acceptables, à la rigueur, pour la selle, tout en se rapprochant de la conformation du trait, de manière à s'écouler sans trop de perte, s'il faut s'en défaire pour ce dernier emploi. C'est ce qui a conduit à la confusion et par suite à la destruction des races ; résultat déplorable qui n'est plus aujourd'hui contesté par personne.

Cette dégénérescence était déjà manifeste à la fin du dix-huitième siècle, et on conçoit que l'Assemblée de 1790, laquelle ne connaissait pas les moyens termes, ait franchement supprimé l'institution des haras, la déclarant, non seulement inutile, mais nuisible.

Rétablie en 1806, elle n'a guère pu donner des résultats que sept ou huit ans après, vers 1814. Il s'est donc trouvé que, pendant presque toute la période des guerres de la République et de l'Empire, le système de remonte a été, par la force des choses, celui de la prime directe, constituée par les hauts prix, auxquels on était obligé de se soumettre pour satisfaire aux besoins de la cavalerie.

Il est remarquable que cette période correspond, précisément, à celle où notre cavalerie jouissait sur toutes les autres d'une supériorité incontestée, malgré l'effroyable consommation des animaux et que cette supériorité disparut, au moment même où le système administratif des haras recommença de donner ses effets.

L'intervention administrative dans la production entraînant la confusion des races, s'accorde d'ailleurs fort bien avec les intérêts d'une branche particulière de l'élevage : celle qui fait les chevaux pour les attelages de luxe.

Ceux-ci sont intermédiaires entre le trait et la selle, le produit à réaliser devant se rapprocher du cheval de selle par l'élégance des formes, à laquelle il faut sacrifier une partie de la puissance de traction.

La bête de luxe, lorsqu'elle est réussie, peut atteindre un prix considérable. Cependant, elle ne coûte pas plus à produire qu'une autre ; elle offre même l'avantage d'être utilisable plus jeune, parce qu'on la ménage toujours beaucoup, et qu'on ne lui demande jamais un service pénible et prolongé.

Ce genre d'industrie serait donc extrêmement lucratif, s'il ne donnait lieu à de nombreux mécomptes, les qualités requises n'étant pas facilement réunies.

L'écoulement des produits imparfaits pourrait offrir des difficultés et entraîner des pertes. Heureusement, la remonte est là, pour recueillir le stock, si bien indiquée même, que la fourniture de l'armée est devenue le monopole de cette catégorie d'éleveurs.

D'où, cet axiome commercial :

Le cheval de remonte est un sous-produit de l'élevage pour attelages de luxe.

Dans toute industrie, on s'occupe d'assurer le plus vite possible, l'écoulement des sous-produits, surtout, s'ils coûtent à nourrir et à garder, comme c'est ici le cas.

Les poulains prennent leurs formes définitives vers l'âge de trois ans ; c'est à ce moment qu'on distingue les sujets d'avenir et qu'il convient de choisir ceux qu'on veut garder, pour en faire de beaux attelages.

L'éleveur entend donc que, dès cette époque, la remonte le débarrasse des autres, et en les payant bien ; et il y tient d'autant plus, que la remonte, malgré sa bonne volonté, ne peut tout accepter. Il reste une catégorie encore inférieure, dont il faut se débarrasser, avec le moins possible de perte, ce qu'on ne saurait faire assez vite.

Cette dernière fournit la grande masse de ceux :

Que mène l'automédon du char numéroté.

On voit que, pour économiser aux éleveurs les dix sous par jour que coûte un poulain sur le pré, l'administration de la guerre va en dépenser cinquante, dans ses établissements. Mais, de cela, ces négociants n'ont cure, l'important pour eux étant de faire place, sur leurs herbages, à la génération suivante. Ils auraient bien tort de se gêner ; la remonte est à leur discrétion, comme il va être expliqué :

La France produit moins de chevaux qu'elle n'en consomme et on n'y fait guère que du trait ; on n'y trouve de selle, on qui puissent passer pour tels, que les sous-produits, dont il vient d'être question, et en nombre insuffisant.

Les officiers acheteurs reconnaissent que, faute d'offres assez abondantes, ils sont obligés, pour atteindre au chiffre voulu, d'admettre fréquemment des animaux « à la limite ».

Et, comme ils ne peuvent se pourvoir ailleurs, ils sont obligés de subir les conditions qu'on leur impose.

Il y aurait un moyen bien facile de limiter les prétentions des éleveurs et c'est ce qu'on faisait autrefois, avec succès ; il consiste, tout simplement, à chercher les chevaux de selle où il y en a, c'est-à-dire à l'étranger.

Les éleveurs ne redoutent rien autant, mais ils ont réussi à éloigner ce danger et leurs arguments ne manquent pas d'intérêt :

D'abord, ils invoquaient la protection due à l'agriculture.

Quand on parle d'agriculture, les âmes sensibles se représentent le malheureux courbé sous son sillon, écrasé d'impôts et ne parvenant plus à tirer du sol appauvri qu'une substance précaire.

D'autres, plus positifs, supputent que ce malheureux fait nombre et qu'il convient de se concilier son suffrage. De sorte qu'on est effrayé de ce que cette pauvre agriculture a de soutenurs, généralement incapables de distinguer un hêtre d'un pommier, mais toujours prêts à déverser les flots de leur éloquence, sur quiconque discuterait les mesures les plus invraisemblables, soi-disant destinées à protéger l'agriculture, qui ne s'en porte, d'ailleurs, que plus mal.

L'habileté des éleveurs a consisté à se faire assimiler aux vrais agriculteurs — ceux qui souffrent — alors que leur industrie n'a rien de commun avec la leur.

De quel intérêt peut-il être, à ce point de vue, que les gens riches fassent admirer au bois, des attelages irréprochables et quel mal y aurait-il, s'ils étaient obligés de les payer un peu plus cher?

Et même, si on considère les attelages employés aux labours et aux transports ruraux ; est-ce que toute protection accordée à leurs producteurs, n'a pas pour résultat d'en surélever artificiellement le prix et par conséquent de nuire au consommateur, c'est-à-dire à celui qui cultive ?

Et quand même, l'intérêt de l'agriculture exigerait que toutes les branches de l'élevage fussent protégées ; ne le sont-elles pas, au moyen des tarifs de douane, dans la mesure fixée par les pouvoirs publics? Pourquoi imposer au département de la guerre des obligations supplémentaires dont les particuliers sont affranchis ?

L'armée est un consommateur comme les autres, pour le moins aussi intéressant que les autres, et dont la mission n'est pas d'assurer la prospérité de certaines industries, mais la défense du pays. Pour ce faire, elle n'a pas besoin de poulains, mais de chevaux faits, et s'il ne s'en trouve pas en France, qu'on aille les chercher au dehors, comme on va chercher du café et du salpêtre, parce que l'industrie nationale n'en fournit pas, ou n'en fournit pas assez.

Quand l'argument agricole et sentimental n'est pas suffisant : on fait vibrer la corde patriotique :

« Prenez garde, disent les éleveurs, de ruiner notre industrie en faisant vos achats au dehors. Quand viendra la guerre, les marchés extérieurs vous seront fermés, et nous deviendrons votre unique ressource. Il vous faut donc, à tout prix, assurer notre prospérité. »

L'argument ne se tient pas, parce que la ressource prétendue unique, n'est pas une ressource du tout. Les éleveurs déclarent qu'ils sont obligés de se défaire de leurs produits dès l'âge de trois ou quatre ans et, en réalité, il n'y a guère de bêtes plus âgées sur leurs herbages. S'imagine-t-on que l'ennemi accordera un délai de deux ou trois ans, pour attendre l'utilisation possible de ce bétail ?

Rien, par conséquent, qui justifie les méthodes employées et comme résultat : on arrive à des dépenses excessives ; le quart, au moins, de la cavalerie est monté seulement sur le papier et, pour que le surplus soit convenablement pourvu, il faut avoir recours à de véritables expédients.

Et ce n'est pas encore là le plus grave.

Au moins, ce qui existe, bien que numériquement insuffisant, peut être bon, et, si la guerre éclate, on doit penser que la valeur suppléant au nombre, notre cavalerie remportera de brillants succès.

Seulement, elle ne les remportera pas longtemps.

Car, les combats, victorieux ou non, entraînent une énorme consommation de chevaux qu'il faut remplacer.

Et pour cela, il n'y a rien.

Les travaux des commissions de recensement ont établi que le territoire continental de la France ne contient pas, à beaucoup près, en chevaux utilisables pour la selle, les ressources nécessaires aux premiers besoins de la mobilisation. Et on s'en rend facilement compte, si on réfléchit que toutes ces ressources sont constituées :

Par les attelages de luxe, dont le nombre n'est pas très considérable, mais dont la réquisition entraîne une dépense exorbitante ;

Par les quelques chevaux de selle que peuvent posséder les particuliers, ce qui est insignifiant, fort peu de gens montant à cheval, en dehors de l'armée ;

Et par le nombre, assez restreint, des animaux de trait léger, ayant échappé à la remonte, ou ayant acquis, avec l'âge, la force nécessaire pour être montés.

Après cela, il y a, en abondance, du trait et rien que du trait, complètement inutilisable pour la selle.

Cette situation inquiétante a, depuis longtemps, attiré l'attention d'un des écrivains les plus compétents dans la matière, le baron de Vaux, lequel, dans son livre « A Cheval », traitant du cheval barbaresque, a établi que nous possédions, en Algérie, des réserves presque inépuisables en chevaux de selle ;

Mais, que pour rendre cette ressource utilisable, il fallait procéder à une organisation préalable, peu onéreuse, et dont il a exposé le plan, avec une clarté saisissante.

Personne, en France, n'a paru porter attention à cette étude, qui n'a été remarquée qu'à l'étranger.

De sorte que, si nous avons la guerre, et si, comme il est à prévoir, les marchés du dehors nous sont fermés, la cavalerie est vouée, en peu de temps, à un anéantissement certain, par impossibilité de réparer ses pertes.

Lorsqu'une fausse organisation a pris ses assises ; si elle est d'importance considérable, comme c'est ici le cas, elle devient à peu près indestructible.

Tant de situations s'y rattachent, légitimes et autres, tant d'accessoires s'y rapportent, depuis le bookmacker qui en vit, jusqu'au politicien qui l'emploie à ses combinaisons, que toute tentative d'y modifier est assurée de se heurter à la coalition de tous ces intérêts, parmi lesquels les plus ardents ne sont pas toujours les plus respectables.

Je n'élève pas une aussi folle prétention, et je prie ceux qui me feraient l'honneur de me lire de considérer ce qui va suivre comme de pure spéculation, paradoxal même, quelque chose comme une de ces thèses, où on démontre en cinq actes, par la méthode sentimentale, les théories les plus invraisemblables.

Je vais donc faire table rase et, supposant que rien n'existe dans ce but, rechercher quels procédés administratifs seraient convenables, pour satisfaire aux conditions complexes que comporte la remonte de la cavalerie.

J'ai montré que, dans l'état de nos mœurs, le cheval de selle n'a guère son emploi que dans l'armée, et que l'État est obligé de faire des sacrifices, pour en déterminer la production, à cause des aléas qui frappent cette industrie;

Que ces sacrifices, pour donner leur effet utile, doivent être appliqués intégralement aux produits réalisés et acceptés, sans qu'on intervienne dans la production.

D'où il résulte qu'il faut payer le cheval de selle acceptable pour le service de l'armée, non sa valeur intrinsèque, mais davantage, le davantage constituant à lui tout seul, la prime d'encouragement à la production.

Je considère comme évident que cette manière d'opérer doit déterminer une production supérieure aux besoins et les dépassant d'autant plus que l'écart entre la valeur intrinsèque et le prix offert sera plus considérable.

De sorte que, l'armée n'absorbant qu'une partie de la production, le surplus devra nécessairement s'écouler dans la population civile pour être employé au trait, y constituant une réserve à reprendre au moment du besoin, par voie de réquisition.

Car, le cheval fait pour la selle, étant employé au trait, n'en reste pas moins cheval de selle, puisque sa conformation ne varie pas.

Je prends des chiffres pour me faire mieux comprendre. La valeur intrinsèque du cheval de dragon, considéré comme moyenne, à l'âge de cinq ans, peut être évaluée de 1000 à

1200 francs. Cette évaluation ne s'écarte pas beaucoup de la vérité, puisque c'est le prix commercial d'un cheval de trait, de même âge et de même force, qui coûterait tout autant à produire.

J'admets que l'armée le paie invariablement 1800. Dans ces conditions, il suffit, pour déterminer la production, que l'éleveur puisse compter faire accepter, par la remonte, un animal sur trois, la majoration de six à sept cents francs le couvrant de la moins-value, à subir sur les deux autres, qu'il sera forcé d'écouler à usage de trait léger.

J'aurai ainsi, d'un côté, assuré, pour le temps de la paix, la remonte de l'armée et par le moyen le plus commode puisqu'elle n'aura qu'à choisir.

Et, de l'autre, constitué, pour le temps de guerre, une réserve du double sans frais d'entretien.

Ce qui est le but à atteindre.

Voilà le principe.

Mais, pour qu'il donne les résultats prévus, il faut des règles d'application qui s'y adaptent et je vais les développer.

L'éleveur est un commerçant, et tout commerçant un joueur, qui suppute et compare ses chances de gain et de perte, et règle ses opérations en conséquence.

Seulement il entend que les cartes ne soient pas biseautées.

Il faut donc que la désignation des animaux à admettre soit entourée de telles garanties, que l'éleveur ne puisse concevoir aucune crainte, sur l'acceptation de ses produits, s'ils le méritent.

Ce qui exige deux choses :

D'abord, la publicité des opérations et des règles invariables pour les accomplir, c'est-à-dire l'adjudication.

Ensuite, un personnel pour y procéder offrant des garanties absolues d'impartialité et de compétence. Il faut que ce personnel demeure étranger à toute considération latérale, non seulement par le sentiment du devoir, mais encore par celui de la responsabilité, maintenue effective, tant que l'animal choisi, restera en service.

En ce qui concerne l'adjudication, il est facile de se rendre compte que les procédés habituels, dits au rabais, ne sont pas applicables dans la circonstance.

On sait que ces procédés consistent à définir, dans un cahier des charges, les conditions à remplir, et à donner la fourniture à ceux qui offrent de la faire au meilleur compte, dans les conditions indiquées.

Si on voulait appliquer ce système aux achats de chevaux, le cahier des charges deviendrait un véritable cours d'hippologie, donnant lieu à des contestations inextricables. D'ailleurs, il ne s'agit pas de rabais, puisqu'on entend payer le haut prix.

Mais il existe un autre mode d'adjudication, fort peu employé, et qui semble fait exprès pour le cas dont il s'agit. C'est le concours de qualité.

Dans ce système, on fixe invariablement, d'avance, le prix qui sera payé, lequel doit être assez rémunérateur pour assurer l'abondance de l'offre. Il ne reste plus qu'à choisir, parmi ces offres, celles qui remplissent le mieux les desiderata, jusqu'à concurrence de la quantité dont on a besoin.

Reste la question du personnel d'exécution, qui doit être compétent et impartial.

Comme compétence, il est certain que tout officier de cavalerie expérimenté est incomparablement plus apte à juger de la valeur d'un cheval dont il aura eu la faculté de se servir pendant quelques jours ;

Que le plus habile spécialiste d'apprécier, en voyant un poulain, ce que vaudra, plusieurs années après, le même poulain devenu cheval : talent qui, s'il était réel, tiendrait du merveilleux.

Comme impartialité, il n'est pas possible de trouver mieux que l'état-major d'une troupe à cheval, constituée en commission de remonte, exclusivement chargée des achats à faire pour cette troupe, affranchie de toute chance d'erreur par une période d'essai, et constamment responsable de ses choix, qui ne devraient jamais quitter leur régiment.

De tout ce qui précède, on doit conclure qu'il ne sera pas possible d'obtenir des résultats satisfaisants, tant que la remonte de la cavalerie en chevaux de selle, et l'organisation qui s'y rapporte, dépendront d'institutions mal conçues, sans cohésion entre elles, soumises à des influences multiples, et se renvoyant l'une à l'autre des responsabilités fictives ;

Que l'intervention de l'État dans les moyens de production ne peut donner que des résultats médiocres ou mauvais, et qu'il faut laisser l'industrie privée libre de ses moyens, en la stimulant seulement par une large rémunération ;

Et laisser le soin de se pourvoir aux intéressés eux-mêmes, avec la responsabilité rendue effective et sous la réserve des précautions qui viennent d'être indiquées.

On va dire que, jamais les marchands de chevaux ne consentiront à faire voyager leurs animaux, pour courir la chance de l'acceptation et surtout, pour les soumettre à une période d'essai, d'une durée appréciable.

C'est à prévoir, en effet, de la part des commerçants trop habiles qui savent donner à leurs produits des apparences séduisantes, masquant les défauts réels.

Mais, il ne faut pas se plaindre de voir éliminer cette intéressante catégorie.

Quant aux fournisseurs sérieux, ils n'hésitent jamais à favoriser l'essai, et la plupart des particuliers n'achètent pas autrement. Les particuliers offrent cependant moins de garanties qu'une administration publique. Les prix, dans ce cas, seraient, il est vrai, plus élevés, mais, cette considération est sans importance ici, la marge laissée, étant beaucoup plus que suffisante.

L'expérience, à ce sujet, est même faite et complète. Depuis de longues années, la Compagnie des Omnibus de Paris, dont la cavalerie atteint un effectif de 12,000 têtes, n'opère pas autrement. Elle obtient de ce procédé les meilleurs résultats, au point de vue de la qualité, et les prix de revient n'en sont pas même sensiblement accrus.

L'achat par concours de qualité a encore l'avantage d'assurer, aussi complètement que possible, la qualité uniforme des animaux de remonte.

Cette uniformité offre le plus grand intérêt. Dans une troupe, il est rare qu'un cavalier ait à opérer seul, et, à moins de circonstances exceptionnelles, les grands moyens d'une bête de choix ne sont pas utilisables, parce que les autres ne pourraient suivre.

Au contraire, les éléments inférieurs affaiblissent très sensiblement la valeur tactique d'une troupe. On est obligé d'en régler les mouvements sur les moyens des bêtes les plus faibles, en fond et en vitesse. Autrement elles sont surmenées et mises promptement hors de de service.

Il est certain que le commerce n'apportera pas à la remonte des régiments, si elle est faite à prix invariable, ses animaux de valeur exceptionnelle. D'autre part, toute qualité inférieure étant éliminée, soit par le concours, soit par l'essai ultérieur, cette condition si importante de l'uniformité se trouve remplie.

J'ai dit, plus haut, que le système de prime directe, résultant de la surélévation du prix d'achat, constitue non seulement le seul moyen certain de pourvoir aux nécessités de la remonte, en chevaux de selle, mais encore, le plus économique.

En considérant le cheval de dragon comme une moyenne, nous savons qu'on paie actuellement 950 francs le poulain destiné à le devenir, et qu'il en faudrait 1800 pour obtenir l'animal fait, dans les conditions que je viens de développer.

Il s'agit de réaliser la différence : 850 francs.

Le budget annuel des haras dépasse huit millions et demi et les besoins en chevaux de selle n'excédent guère dix mille.

Les ressources du budget des haras, convenablement employées, c'est-à-dire exclusivement affectées à la surélévation du prix d'achat des chevaux, suffiraient donc, à elles seules, pour assurer le fonctionnement du système.

Et, comme conséquence, la cavalerie, qui aujourd'hui, n'est réellement montée qu'aux trois quarts, le serait intégralement; le quart fictif, devenu réel, donnant un accroissement de puissance militaire d'un tiers; une réserve considérable de remonte étant, en outre, constituée sans frais.

Et on réaliserait les économies résultant :

De la suppression des frais généraux du service des remontes;

De la suppression du déchet pendant la période d'attente ;

De la suppression des frais et risques de voyages et transports des acquisitions;

Enfin, on éviterait les conséquences fâcheuses de l'élevage par un personnel et, dans des conditions mal appropriées, avec éparpillement des responsabilités.

En matière de production chevaline, il faut ordinairement prévoir un très long terme, pour que les mesures nouvelles produisent leurs effets ; la période transitoire donne, souvent aussi, naissance à de grosses complications.

Il n'y a rien de semblable à craindre ici ; si on admet que les acheteurs n'aient point à se préoccuper des questions d'origine. J'ai fait voir combien il est abusif d'imposer à l'armée l'obligation de n'acheter que des animaux d'origine française. Les produits étrangers qui ont acquitté les frais de douane ont acheté le droit de se vendre comme s'ils étaient nationaux. Et, en outre de cette considération d'honnêteté, on ne peut accepter que des intérêts particuliers empêchent de satisfaire aux nécessités de l'organisation militaire.

C'est cependant ce qui a toujours lieu en France.

Je crois avoir mis en évidence :

Qu'il est impossible de déterminer la production du cheval de selle et d'assurer la remonte de la cavalerie autrement qu'en payant pour cela, et qu'on a meilleur compte à le faire franchement et directement;

Que, en essayant de se soustraire à cette nécessité et en se jetant dans des complications administratives, on dépense davantage et on n'atteint pas le but.

Que si, cette proposition n'était pas évidente par elle-même, trois siècles d'expérience la démontreraient surabondamment.

Mais, comme les abus qui résultent de l'état de choses existant profitent à beaucoup de gens, qui connaissent la manière de les défendre, il est à croire que tous ceux qu'une telle réforme atteindrait dans leurs intérêts, depuis le directeur général des haras, jusqu'au marchand de quasi-certitudes, peuvent dormir tranquilles.

CHAPITRE XIV

L'ARMÉE BOURGEOISE

Un pays qui produit des hommes de la trempe de ceux qui ont conquis la moitié de l'Afrique et de l'Indo-Chine, avec des moyens dérisoires, et des soldats, comme ces malheureux de Madagascar, mourant sans une plainte et sans une consolation, dans les circonstances les plus lamentables; ce pays-là, ne peut pas désespérer de sa puissance militaire.

Pour chercher le remède à la désorganisation dont nous avons essayé de donner l'idée, il faut en déterminer les causes, et on trouve les principales dans la politique :

Non pas, qu'on puisse considérer une forme

quelconque de gouvernement, comme la panacée qui assurerait une réorganisation devenue nécessaire. Tous, au point de vue qui nous occupe, ont leurs avantages et leurs inconvénients, et valent surtout par les hommes qui les dirigent. La Monarchie a remporté de brillants succès ; l'organisation de l'armée française était admirable pendant la durée du premier Empire et sa décadence a commencé au milieu du second ; la Convention a vaincu l'Europe avec des moyens improvisés : il est vrai que, dans ce temps-là, les fautes se payaient de la tête.

C'est donc l'état social qu'il faut examiner, parce que les caractères s'en répercutent sur les institutions militaires.

En France, nous vivons sous la domination de la caste bourgeoise. Celle-ci, ayant évincé l'aristocratie, pour prendre sa place, entend avoir confisqué, à son profit, les avantages dont jouissait l'ancienne noblesse ;

Et s'y montre beaucoup plus âpre, parce que cette nouvelle couche est plus nombreuse et plus avide, et qu'elle n'a pas le contre-poids d'un pouvoir supérieur et incontesté.

C'est pourquoi nous voyons tous les emplois

avantageux occupés par la bourgeoisie ; les agents inférieurs mal payés et surchargés, rendus incapables d'accéder au fonctionnarisme, dont le développement et la dépense ne connaissent plus de limites ;

Le peuple, plus pressuré que jamais, par des moyens plus hypocrites et plus impitoyables, et le net de la fortune publique, en train de passer dans les valeurs mobilières, que détient, à peu près seule, la classe bourgeoise.

Celle-ci se compose des gens qui se piquent d'orthographe.

La définition n'est pas pour le pittoresque.

Elle est la seule exacte, et nous allons l'établir :

L'orthographe n'est pas une science, mais un stigmate, qui résulte de l'impression laissée par la physionomie des mots, à ceux qui ont passé toute leur jeunesse dans les collèges ;

Ceux qui ont acquis tardivement une instruction, même complète, n'arrivent presque jamais à mettre l'orthographe. C'est donc bien la caractéristique de la caste bourgeoise et la raison pour laquelle on attache tant d'importance à cette faculté assez secondaire.

Les bourgeois ont encore une manie, résultat, aussi, des impressions de collège, c'est de considérer la cote obtenue à l'examen pédagogique comme donnant la mesure de la valeur d'un homme.

En matière militaire, tout au moins, c'est une absurdité; Lebœuf et Frossard étaient plus savants que Moltke et Blumenthal, et les généraux de la première République battaient outrageusement leurs adversaires, beaucoup plus lettrés et plus instruits. Mais, c'est article de foi, et alors, les faits ne comptent pas.

Il est donc entendu qu'on ne doit accéder aux fonctions publiques que par voie de concours pédagogique, avec l'orthographe à la base, comme brevet de bourgeoisie.

Les Chinois, qui sont le peuple le plus démoralisé de la terre, ont le même système.

Jusques après 1870, l'armée avait, à peu près, échappé au régime bourgeois, et sa constitution était restée démocratique; c'est-à-dire que le soldat, même issu du peuple, pouvait devenir officier, avec du travail et de la conduite.

Les appétits de caste, ne permettant pas de

tolérer plus longtemps ce scandale, on profita, pour y mettre ordre, des transformations qui eurent lieu après la guerre.

On décida que la plupart des officiers seraient recrutés par les grandes Écoles, Polytechnique et de Saint-Cyr, dont la population fut, à cet effet, doublée. Pour le surplus on créa des Écoles secondaires, dites de sous-officiers, auxquelles les candidats malheureux à l'examen de grandes, auraient accès, après quelque stage dans un régiment. Bien entendu, l'admission à toutes ces écoles a été aussi réglée par voie de concours, avec, à la base, l'indispensable orthographe.

Cela ne pouvait aller sans quelque protestation de la part des anciens serviteurs, qui auraient pu prétendre à la récompense de leurs services. Pour couper court, on décida de les supprimer.

Et, il fut légiféré, dans ce but, que l'homme de troupe ne pourrait être conservé sous les drapeaux au delà de l'âge de trente-cinq ans ;

Sauf les bottiers, ordonnances, et autres, non susceptibles d'épaulette, et qu'on pouvait, par conséquent, garder sans inconvénients.

La mesure eut pour effet la destruction immédiate, dans les troupes, de l'élément professionnel : on comprend que personne ne veuille d'une carrière qui vous oblige, au bout de peu d'années, à en chercher une autre.

Et, dans l'impossibilité de constituer les cadres d'instruction, on en vint à recourir à un système de primes pour conserver un certain nombre de gradés, jusqu'à l'âge fatal, en leur promettant, à leur libération, des emplois dans les administrations publiques.

On obtient ainsi, sous le titre de sous-officiers rengagés, des préposés à l'exercice et au nettoyage des chambrées, mais qui ne sont pas des professionnels, leur véritable état étant celui d'aspirants à la perception ou à la place de concierge qui leur a été promise.

L'expérience de la guerre n'a pas encore mis en évidence les résultats de transformations aussi profondes dans la constitution intime des troupes, mais il est facile de les prévoir :

Prenez un homme de la nature, et tenez-lui ce discours :

— Voilà des gens bien pourvus d'armes et de munitions, occupant une position qu'ils sont décidés à défendre. Nous allons pourtant les en chasser. Beaucoup de nous y laisseront leurs os, mais les survivants seront couverts de gloire.

— Combien donnez-vous, dira l'homme, pour accomplir une mission aussi périlleuse?

— Un sou par jour et l'estime de ton colonel.

L'homme de la nature haussera les épaules, et rentrera, paisiblement, chez lui, après vous avoir bousculé, si vous essayez de le retenir de force.

Le soldat, lui, ne raisonne pas, et va sans hésiter se faire casser la tête, quand son caporal lui en donne l'ordre, pour une affaire qui ne l'intéresse nullement, et son caporal pas plus que lui.

Le soldat est donc un homme qui n'est pas dans un état d'esprit naturel : et c'est cet état particulier de l'esprit, cet état d'âme, comme on dit aujourd'hui, qui fait le soldat; non l'art de doubler les files et d'astiquer congrûment sa giberne.

Cela résulte de l'influence du milieu.

Quand l'homme de recrue arrive, dépaysé, au

milieu d'un groupe déjà formé, avec lequel il doit vivre en contact continuel, qui a sur lui l'autorité de la cohésion et de la possession des bas grades, il en subit, nécessairement, l'ascendant et s'imprègne peu à peu des idées, des passions et des préjugés qui y règnent. Il en contracte même les vices, et, ayant ainsi acquis l'esprit militaire, il devient, à son tour, propre à l'inculquer à ceux qui viennent après lui.

Mais, cela suppose un noyau permanent, constamment animé de l'esprit à communiquer aux éléments qui viennent temporairement s'y annexer. Cela ne peut se trouver que dans un groupe de professionnels. Aussi, la qualité d'une troupe dépend-elle, essentiellement, de la force et de la valeur de son bas cadre, et par bas cadre, il faut entendre les professionnels, autres que les officiers.

Dans les armées constituées démocratiquement, comme l'était autrefois l'armée française, le bas cadre se compose de deux éléments bien distincts :

Les ambitieux : ceux qui rêvent de devenir officiers. C'est l'élément d'entraînement, actif et ardent, ne souhaitant que combats, pour arriver plus vite ; celui qui pousse des cris de joie à l'annonce de la guerre et s'offre en foule, pour les entreprises les plus hasardées ;

Les modestes ou déçus : c'est l'élément passif et résistant, peu susceptible d'enthousiasme, brave par métier et calme par habitude : c'est le groupe de ceux que les anciens troupiers, dans leur langage imagé, appelaient les *pieds de banc*, par allusion à leur fermeté inébranlable.

Les armées constituées aristocratiquement, comme le sont la plupart des armées européennes, n'acceptent pour officiers que les gens des classes élevées : le bas cadre ne se compose, par suite, que de l'élément passif.

La supériorité du double élément est évidente, c'est elle qui a permis aux armées de la République et de l'Empire de lutter contre l'Europe, et fait dire en termes moins atténués, que les Français sont des lions, auxquels ne manque, pour être irrésistibles, que d'être conduits par des chefs dignes d'eux.

Est-il donc à craindre que l'homme du bas cadre, enfin parvenu, quand il y parvient, à l'épaulette tant convoitée, se trouve inférieur à sa situation et mal en état de remplir les fonctions qui lui incombent?

Sans doute, son instruction est souvent rudimentaire, mais, en faut-il tant que cela, pour gouverner une petite fraction ?

La connaissance des moyens de la conduire, telle que la donnent des règlements dont le premier mérite est d'être simples et clairs, n'est ni longue ni pénible à acquérir.

L'habitude de la troupe, l'art de se faire obéir et respecter, la vigueur et la décision dans le commandement, importent davantage et s'obtiennent plus difficilement, mais ne s'apprennent pas à l'école.

Que faut-il de plus à un officier subalterne pour remplir sa mission ?

On reproche aux officiers de cette origine de préférer le café aux relations mondaines, et de se trouver plus capables de conduire une compagnie qu'un cotillon ; c'est possible, mais ce n'est pas pour ce dernier rôle que l'armée est faite.

Où a-t-on vu que ces parvenus, comme on les appelait, se soient trouvés au-dessous du rôle qu'ils avaient à remplir ?

Toujours, ils ont mené leurs hommes à la victoire, quand le haut commandement a été suffisant, et même, aussi, malgré son insuffisance, comme il est arrivé en 1859.

Pendant la guerre de 1870, ils se sont faits tuer, eux et leurs gens, aux postes que leur avaient assignés, niaisement, des chefs savants et ineptes. Ils auraient connu, comme eux, le calcul différentiel et intégral, que le résultat n'eût pas été autre.

Leur seul crime a été d'occuper les emplois que la caste au pouvoir veut pour elle seule.

Il était réservé à la troisième République d'inaugurer l'armée bourgeoise, caractérisée par le manque absolu de cadres inférieurs, dont l'élément actif a disparu, faute de débouchés, et dont l'élément passif a été supprimé, par crainte qu'il ne réclamât quelque chose.

On a mis à la place des agents temporaires, portant galons, et pouvant connaître la manœuvre, mais ne possédant pas eux-mêmes, et ne pouvant, par conséquent, communiquer aux autres, l'esprit militaire, qui seul fait le soldat.

D'où il est à penser que les prétendus tels,

ne diffèrent que par l'habit de l'homme de la nature dont il a été parlé plus haut.

Quels prétextes a-t-on invoqués pour justifier une transformation aussi étrange ?

On en a trouvé deux, également étonnants :

D'abord, on a paraphrasé un mot attribué au roi Guillaume, après Sedan : que le maître d'école allemand avait été le véritable vainqueur de cette bataille.

Si le propos a été tenu, il exprime une idée profondément juste : la haine du Welche, inspirée à l'enfant, fait partie de l'éducation allemande et l'Empire s'est fait sur cette haine commune.

Mais, il est peu sérieux d'admettre que le vieux roi ait entendu faire allusion à la qualité supérieure du latin ou de l'arithmétique de ses magisters.

C'est, pourtant ce qu'on a cru ou fait semblant de croire. Et, comme il est à penser qu'il n'y a que l'arithmétique des bourgeois français, pour rivaliser avec celle des maîtres d'école allemands, on comprend, vaguement, qu'il n'y ait que les premiers qui puissent contrebalancer l'influence des seconds.

L'autre prétexte se rapproche davantage des véritables sentiments qui ont guidé les organisateurs.

Il est indispensable, ont-ils dit, d'assurer l'homogénéité du commandement.

La formule est prudhommesque et cynique : cela veut dire que l'homme du peuple, quelques preuves qu'il ait données de son courage et de son mérite, quelques services qu'il ait rendus, n'est jamais digne de prendre place parmi les bourgeois.

Voilà comment les intérêts les plus sacrés de la patrie et de la défense nationale sont sacrifiés aux appétits d'une caste.

Comment s'étonner que, devant de tels exemples, des groupes se constituent, sortes de syndicats d'admiration réciproque et de courte échelle, légers de scrupules, illimités d'ambitions, et prêts à recourir aux pires expédients, pour masquer les funestes résultats de leurs agissements.

Ces résultats, nous avons tenté de les faire connaître.

Nous n'écrivons pas pour faire entendre de vaines récriminations. Nos vues sont plus hautes. Nous voulons répondre à la question qui se pose.

Car il n'y a pas un véritable patriote, mis au courant des dangers de notre situation militaire, qui ne sente la nécessité d'y apporter un prompt remède, et ne réclame anxieusement la grande intelligence et la main de fer dont jamais la venue n'a été si nécessaire.

CHAPITRE XV

LA POLITIQUE ET L'ARMÉE

Le Gouvernement parlementaire n'a de républicain que le nom. C'est bien le suffrage universel qui est à la base du système, mais il n'est pas loyalement pratiqué. Autrement il donnerait à ses représentants une puissance morale si considérable, que le régime en deviendrait indestructible. Alors, les pouvoirs publics, affranchis de toutes compromissions, pourraient sainement conduire les affaires de l'État.

Nous en serons là quand les représentants du peuple auront été mis dans l'impossibilité de trafiquer de leurs mandats.

Qu'ils en trafiquent pour de l'argent ou pour des faveurs, pour eux-mêmes ou pour ceux de leur parti, c'est tout un et le résultat est le même. Le trafic du mandat entraîne le trafic du vote. L'électeur entend avoir aussi sa part du gâteau, et il ne se dérange, quand il daigne se déranger, que si on l'allèche par des promesses, souvent grossières ou ridicules.

Le suffrage universel, tel qu'il se pratique en France, n'est qu'un tripotage, compliqué de fraudes, lequel ne saurait conférer à ses élus aucune autorité morale.

Il leur reste les lois écrites. Mais ces lois ne sont que des formules, édictées par les gouvernants eux-mêmes, dans l'intérêt de leur propre sécurité. Elles n'inspirent le respect que dans la mesure du caractère de ceux qui les ont faites, et personne aujourd'hui ne peut se faire d'illusion à ce sujet.

Le parlementarisme est donc un régime qui ne s'appuie sur rien, que sur l'exploitation des intérêts les moins respectables. Les parlementaires savent fort bien que, moins encore maintenant que du temps de Baudin, personne ne risquerait de se faire tuer, pour leur conserver les vingt-cinq francs par jour et le reste.

Et ils se sentent constamment à la merci d'un coup de main militaire.

De cette situation, se déduit l'attitude des parlementaires, vis-à-vis de l'armée :

— J'ai peur du tromblon dont vous êtes muni. Je vais d'abord tâcher de vous amadouer, pour que vous n'ayez pas envie de l'employer à mon préjudice. De plus, je chercherai à en détraquer la batterie, pour que le coup ne parte pas, si vous vouliez, quand même, vous en servir contre moi.

Amadouer les chefs de l'armée est donc une première nécessité pour les parlementaires. Détruire, entre leurs mains, la puissance de l'instrument qu'ils redoutent, est la seconde. Toute la conduite des politiciens est commandée par ce double besoin.

Pour s'assurer le concours, ou au moins la neutralité des chefs, il a fallu recourir aux expédients les plus fâcheux.

Rien n'est dangereux, comme de conférer aux chefs militaires une sorte d'inamovibilité.

C'est se mettre dans l'obligation de laisser, à

la tête des troupes, les hommes intellectuellement les plus affaiblis, bien moins par l'âge que par l'habitude de la contrainte journalière, qui finit par enlever jusqu'à la faculté de penser par soi-même.

Jamais gouvernement sensé, même parmi ceux à qui des chefs illustres avaient valu les plus éclatants triomphes, n'a commis une semblable imprudence.

C'est pourtant ce qu'on a fait.

Par simple décret, violant des lois en vigueur, on a établi qu'un général ne peut être privé de son emploi que du consentement de ses collègues, réunis en conseil d'enquête. On conçoit la difficulté d'obtenir ce consentement, chacun étant exposé à se trouver, à son tour, dans la même situation.

Il reste le droit au ministre de changer de poste l'intéressé, en l'indemnisant et en lui donnant, ailleurs, une fonction équivalente.

L'inamovibilité de fait, conférée aux chefs militaires, entraîne une autre conséquence : la suppression de toute responsabilité effective.

Sans cela, la garantie ne serait pas complète.

Du moment qu'on veut, quand même, maintenir dans sa fonction celui qui n'est pas en état de la remplir, il n'est pas rationnel de l'en priver, pour l'avoir mal remplie.

Tout cela est inévitable. Le premier besoin d'un fonctionnaire, civil ou militaire, est d'avoir l'assurance de garder sa place. S'il est redoutable, il faut lui donner cette assurance. On ne peut le satisfaire qu'à ce prix.

Il faut que les politiciens au pouvoir puissent dire aux chefs militaires : Aucun gouvernement sérieux ne vous maintiendrait les avantages excessifs que nous vous concédons. Vous ne pouvez que perdre à un changement de régime. Vous avez donc tout intérêt à vous mettre de notre côté.

Il va de soi que cette garantie de stabilité est accompagnée d'avantages plus matériels, sous forme de gratifications, exemption d'impôts, indemnités pour frais de service, de déplacement et autres ; le tout, tarifé pour laisser à l'intéressé un large bénéfice.

Aussi, est-il à croire que la plupart des généraux se soucient fort peu de jeter bas un gouvernement qui les traite si bien. Volontiers,

ils en déblatèrent, en petit comité, mais, de là
à passer à l'action, il y a loin.

On se rappelle l'aventure de ce politicien
naïf, qui, ayant échangé ses idées avec un général, l'avait trouvé d'accord avec lui pour dire
que le parlementarisme était un détestable
régime, et que celui qui saisirait l'occasion de
le supprimer rendrait à la patrie le plus grand
service.

A quelques jours de là, l'occasion s'étant
présentée, le politicien fut prendre le général
à la tête de ses troupes, et le tirant par la bride,
voulut le conduire où il y avait lieu. Sa surprise
fut grande de trouver le cavalier plus rétif que
la bête.

D'où il advint que le politicien fut mis en
prison, d'abord, et banni ensuite.

Les parlementaires semblent donc avoir réalisé la première partie de leur programme, en
s'assurant, sinon la sympathie, au moins la
neutralité des chefs militaires, et en les rendant peu accessibles aux incitations des partis
opposés.

Seulement, il y a d'autres qualités à attendre
de ces chefs.

Nous avons déjà vu que le service militaire n'était guère propre à former le caractère et l'esprit de ceux qui doivent conduire les autres au jeu terrible, où une fausse appréciation fait des hécatombes et où la perte d'un jour se paie d'une catastrophe.

Au moins, emploie-t-on des moyens de sélection convenables, pour faire sortir du rang les hommes les plus propres à remplir cette mission redoutable ?

Voici le mécanisme de la sélection :

On réunit en commission les principaux chefs de l'armée et on leur donne charge de désigner, et de ranger, par ordre de préférence, les sujets les plus propres à occuper les fonctions supérieures.

Cette commission n'a d'autre moyen d'éclairer son jugement que de consulter les notes particulières de chaque candidat, notes qui fournissent, sur sa valeur, l'appréciation de ses chefs immédiats. Ces notes sont, d'ailleurs, tenues secrètes, et ignorées, même et surtout de l'intéressé.

Par un sentiment bien naturel, ces chefs immédiats tiennent à faire triompher la candidature de leurs élus. Ils n'ignorent pas que leurs appréciations seront comparées avec celles qui concernent les autres concurrents et se trouvent ainsi portés à exagérer le mérite des leurs.

Chacun surenchérit, d'autant plus facilement que ces appréciations ne reposent que sur des données vagues et incertaines. Dans les autres professions, chacun donne sa mesure, par le produit de son travail ; mais, les talents du chef militaire, ne se connaissant qu'à la guerre, doivent être appréciés, avant qu'il ait eu l'occasion de les exercer.

Si les dossiers personnels étaient connus, on serait émerveillé de la prodigieuse quantité des grands hommes hypothétiques, que possède l'armée française.

Toutefois, ces éloges dithyrambiques ne peuvent, évidemment, être accordés, qu'à ceux qui ont su inspirer la sympathie. Et la sympathie n'est pas toujours le résultat de la connaissance du mérite ; d'autres considérations y sont adéquates, sinon dominantes.

Autrement dit : le mode de sélection en usage a toutes les chances de faire triompher la médiocrité obséquieuse, de la supériorité réelle, laquelle ne va pas sans une certaine indépendance de caractère.

Voilà comment les choses se passent, quand elles se passent loyalement.

Faites intervenir, maintenant, le jeu habituel des intrigues, corporatives, familiales et autres. Songez à la facilité que donne le secret des dossiers, pour commettre, impunément, toutes les fourberies, et satisfaire toutes les rancunes.

Et vous comprendrez pourquoi, dans l'armée, celui qui veut devenir quelque chose doit commencer par ne pas être quelqu'un.

On a cherché à atténuer les conséquences, devenues trop apparentes, d'un mode aussi défectueux de sélection, en restreignant les pouvoirs de la commission supérieure de classement, du moins en ce qui concerne les officiers généraux.

Actuellement, le ministre de la guerre en arrête seul les choix.

Il est certain que le Ministre possède des moyens puissants d'investigation, qui pourraient lui permettre de remédier à beaucoup d'abus.

Malheureusement, sous le régime parlementaire, c'est ouvrir la porte à l'intervention des politiciens, trop intéressés à n'admettre, dans les grades élevés, que des gens de leur parti, pour que leur influence ne s'exerce pas activement.

De sorte, que le plus clair résultat de la mesure est d'ajouter la recherche des relations et des attaches politiques, aux causes multiples, qui déjà suffiraient à vicier les choix ; le remède est pire que le mal.

Cependant, malgré toutes ces précautions, les parlementaires ne se sentent pas encore en pleine sécurité. Il peut toujours se trouver, parmi les chefs militaires, des ambitieux disposés à se mettre au service d'un parti, ou même des hommes de conviction, capables de tout risquer pour chasser un gouvernement qu'ils jugeraient indigne ou détestable.

Il importe, par suite, de ne pas leur laisser, sur leurs troupes, une autorité assez complète, pour qu'ils puissent les employer à l'accomplissement de tels projets.

De là est née la théorie des baïonnettes intelligentes.

La baïonnette intelligente, comme la comprend le politicien, est celle qui obéit fidèlement aux ordres du chef militaire, tant que celui-ci reste dans les vues du politicien, mais se retourne contre ce chef, dans le cas contraire.

La baïonnette devient intelligente quand on lui laisse exercer son libre arbitre, en relâchant du système de compression qui l'en empêche.

L'armée est formée de deux éléments, séparés par une ligne de démarcation nettement tranchée :

D'un côté, les officiers, qui ne vivent pas avec la troupe et paraissent seulement devant elle pour l'exercer, l'inspecter et la conduire.

Ceux-ci bénéficient des privilèges, des faveurs et des récompenses. Ils jouissent de la considération et de la liberté relative. On leur accorde même d'extrêmes tolérances, à la seule condition de tout subordonner à l'esprit de corporation, et de ne se permettre aucune idée personnelle qui pourrait se trouver en désaccord avec celles de leurs supérieurs.

De l'autre côté, les soldats. Pour eux, la contrainte continue, les fatigues et les privations, et, souvent, les mauvais traitements et la mort, obscure et douloureuse.

Cependant, les soldats sont le nombre et la force; ils détiennent seuls les armes puissantes; et rien ne leur serait plus facile, que de s'affranchir du régime qui leur est imposé.

Dans le précédent chapitre, j'ai montré que le premier de ces éléments ne pouvait maintenir son autorité sur l'autre que par l'intermédiaire d'un troisième, se rattachant à lui par ses espérances, et dominant le second, par le contact permanent;

Et que toute armée dépourvue de ce troisième élément, ou bas cadre, constitué par un noyau de professionnels, n'était plus une armée, mais une milice; que cependant, ce bas cadre avait été détruit, ou à peu près, par les politiciens, jaloux de réserver, à ceux de leur caste, tous les emplois avantageux.

On vient de voir que leur intérêt était double, puisque, du même coup, ils satisfaisaient aux besoins de leur politique.

Cependant, les parlementaires n'ont pas pris garde que les baïonnettes, rendues intelligentes, pourraient le devenir trop; et faire réflexion :

Que les parlementaires, non plus que les chefs, ne donnent l'exemple des vertus au nom desquelles on les tient en stricte dépendance ;

Que la supériorité des talents, qui pourrait expliquer cet état de choses, est loin d'être établie ;

Que, elles, les baïonnettes, détenant aussi toutes les armes perfectionnées, sont en mesure d'imposer leur volonté, sans que les parlementaires, ni même leurs chefs, aient le moyen matériel de s'y opposer.

Et que rien, par conséquent, ne peut les empêcher de faire prévaloir toutes leurs revendications.

Les historiens ont longuement disserté sur les causes morales et politiques, qui ont amené la révolution de 1789.

Cette révolution n'aurait pu se faire, si les soldats n'avaient pris parti, malgré leurs officiers, pour ceux qui leur promettaient de satisfaire leurs ambitions et, par-dessus tout, de leur donner l'accès à l'épaulette.

L'exemple est à méditer.

Le régime actuel n'est pas aussi bien assis que l'était l'ancien. Plus qu'alors, les soldats sont les maîtres de la situation, parce que la puissance de l'outillage moderne rendrait leur action irrésistible.

La prochaine révolution sera au profit du parti qui aura su les mettre de son côté.

En attendant, l'armée française reste la plus supérieurement désorganisée qui soit en Europe.

Et tous les partis politiques ont un droit égal à s'accuser, réciproquement, de cette désorganisation.

CHAPITRE XVI

PATRIOTISME

Il y a plusieurs manières d'entendre le patriotisme, sans compter l'art de s'en faire des rentes.

Celle qui consiste à mettre hors la discussion, même en temps de paix, toutes les questions qui intéressent l'armée, est au moins aveugle, car elle a pour résultat de soustraire l'autorité militaire à tout contrôle. Et on sait que les pouvoirs qui en sont affranchis tombent vite dans les abus, surtout quand ces pouvoirs sont collectifs et irresponsables.

Nous avons montré qu'il ne pouvait y avoir de secrets militaires, que ceux des opérations actives, et qu'il est impraticable, ou puéril, de cacher les dispositions permanentes du temps de paix.

On fait encore une objection à la liberté de discussion que nous réclamons pour ces dernières :

Il faut se garder, dit-on, d'affaiblir par des critiques l'entière confiance que doivent avoir les troupes dans leurs chefs.

Il est bien vrai que cette confiance est nécessaire au succès. Celui qui consent à sacrifier sa vie, veut, au moins, que cela serve à quelque chose. S'il est persuadé de l'inutilité du sacrifice, il ne songe plus qu'à s'en tirer à meilleur compte.

C'est pourquoi on a vu des troupes éprouvées, céder à la démoralisation et aux paniques subites. On sent alors le besoin des vieux soldats, résistant à l'entraînement, de ces *pieds de bancs*, qu'on a supprimés en France, et que partout ailleurs, on conserve si précieusement.

Mais, cette confiance, si nécessaire ne concerne, ni l'organisation de l'armée, ni même l'ensemble des chefs militaires. Elle est personnelle, et ne s'applique qu'à ceux-là seulement, sous les ordres desquels on est placé. Tel inspire confiance à ses troupes : un autre ne peut l'obtenir.

Elle se gagne aussi vite qu'elle se perd.

On est étonné de la sûreté avec laquelle les soldats, dès les préliminaires d'une campagne, apprécient la valeur du commandement. Quand les ordres sont donnés avec clarté et précision, que les mouvements concordent, que les convois arrivent à point nommé, qu'il n'y a ni à-coups, ni changements continuels de direction ;

Chacun sent que le chef suit, avec méthode et sans hésitation, un plan raisonné et que ses prévisions ne se sont pas trompées ;

Et, la confiance naît. Elle disparaît vite dans le cas contraire.

Quand Bonaparte arriva en Italie, en 1796, il n'était connu que par son mariage et pour avoir obtenu le commandement de l'armée, en manière de dot. Il avait, auparavant, brillamment conduit ses batteries au siège de Toulon, et mitraillé les Parisiens dans une échauffourée, mais ces exploits de sous-ordre étaient trop communs, à l'époque, pour attirer l'attention. Il a fallu les panégyristes ultérieurs, pour les mettre en lumière.

L'accueil fut plutôt frais.

Quelques jours après, généraux et soldats ne juraient que par lui : dès les premières opérations, chacun s'était senti en main, et avait compris que cette main était celle d'un maître.

Inversement, en 1870, la confiance était générale et semblait justifiée ; les chefs n'avaient encore connu que le succès. Les cris « à Berlin » étaient bien l'expression du sentiment public, dans l'armée, comme dans la population.

Après les premières escarmouches, la confiance avait déjà sensiblement diminué, et il avait fallu donner, au généralissime, un successeur qui ne valut pas mieux.

La confiance des troupes dans leurs chefs est indépendante des discussions théoriques, qui peuvent s'ouvrir au sujet des problèmes de l'organisation de l'armée, et de la préparation à la guerre. Elle est le résultat des faits tangibles qui viennent à la suite.

En veut-on une preuve de plus ?

La Marine française est constamment, dans la presse, l'objet des attaques les plus vives. Ces attaques sont souvent fondées, et justifiées par des comparaisons avec l'étranger, qui ne sont pas à notre avantage :

Où a-t-on vu que les marins en aient moins de confiance dans leurs chefs ?

Aucun motif sérieux ne peut donc être invoqué, qui permette de soustraire, en temps de paix, les questions d'ordre militaire à la connaissance et à l'appréciation du public.

Et, il y aurait des inconvénients graves, qu'il faudrait encore en autoriser et en provoquer la discussion :

Parce que, dans notre état social, rien ne limite le développement des groupes d'intérêts privés, travaillant à l'encontre de l'intérêt général, et conduisant à la désorganisation, ce qui présente les dangers les plus graves qui se puissent concevoir ;

Auxquels la seule opinion publique présente une barrière efficace.

Mais, il faut qu'elle soit éclairée. Aujourd'hui, elle ne peut pas l'être.

Il y a un certain nombre d'écrivains de grand talent et de grande autorité, qui commencent à se rendre compte que d'énormes sacrifices ont été faits pour l'armée, et que le résultat a été mince, peut-être négatif. Ils répandent leurs idées, mais faute de connaissances techniques, ne peuvent les mettre en forme concrète. Ils voient que le sujet est malade et le disent, mais ne peuvent désigner les organes atteints, ni indiquer le remède.

Après ces hommes considérables, vient la masse des publicistes, gens de métier plutôt que de profession, le plus souvent dépendant d'un administrateur ou d'un éditeur, qui sont avant tout hommes d'affaires et d'argent. Et, comme la vérité et la logique ne paient pas, l'influence de ce groupe, prise dans son ensemble, se trouve plutôt néfaste.

Restent ceux qui ont passé par la carrière. Ceux qui l'ont parcourue en entier sont fatigués et peu disposés à entreprendre de nouvelles luttes, ceux qui l'ont quittée prématurément n'y prenaient, sans doute, pas beaucoup d'intérêt et n'en ont pas dû faire une étude bien approfondie.

Il y a des exceptions, mais elles ne sont pas assez nombreuses pour que leur action soit appréciable.

Seuls, par conséquent, les professionnels pourraient éclairer l'opinion publique, et, s'ils avaient la faculté d'écrire, leur influence deviendrait bientôt prépondérante.

Cela leur est défendu.

Il faut l'autorisation préalable, c'est-à-dire qu'aucune idée ne peut être émise, qui n'ait été approuvée et estampillée par les supérieurs ; on a droit à la compilation et à la paraphrase, mais à rien d'autre.

Les mathématiciens, les médecins, les jurisconsultes, les ingénieurs traitent librement des mathématiques, de la médecine, du droit et des constructions. On ne comprendrait pas qu'il en fût autrement. Quand les particuliers et les hommes d'État ont besoin de connaître l'état de ces sciences, ils étudient et comparent les travaux des techniciens, et l'idée ne leur viendrait pas d'en consulter d'autres.

Seuls, les militaires ne peuvent traiter des sciences militaires, et cela, en France seulement : les gouvernements autocratiques, qui n'admettent pas la discussion de leurs actes, ne craignent pas la lumière sur les principes qui les guident.

Une telle règle ne se conçoit que pour les ecclésiastiques ; toutes les religions ayant la prétention d'être immuables, dans leur but et dans leurs moyens.

En France même, cette interdiction n'est pas ancienne. Elle date du milieu du second Empire ; c'est-à-dire de l'époque de la désorganisation naissante. Elle a souvent été renouvelée depuis, toujours sous menaces plus sévères, à mesure que cette désorganisation s'accentuait davantage.

Le motif invoqué ne varie pas : la nécessité de maintenir la discipline.

Voyons donc ce qui pourrait intéresser la discipline, dans la faculté laissée aux militaires de publier leurs travaux, sur les matières de leur compétence. Et d'abord, définissons :

La discipline exige la soumission aux ordres des chefs, pour tout ce qui se rapporte à l'exécution du service. Elle oblige, en outre, à la déférence et au respect, envers les supérieurs, en toutes circonstances.

C'est tout. L'autorité qui réclame davantage commet elle-même une infraction à la discipline, parce qu'elle incite ses subordonnés à la résistance.

Le premier devoir imposé enlève certainement au subalterne la faculté de mettre la presse dans les démêlés qu'il peut avoir, avec ses chefs, à l'occasion de son service. Mais, il n'est pas à prévoir qu'il s'y risque, parce que cela n'intéresse personne et que l'insuccès serait inévitable.

Que si, cependant, il se laissait aller à commettre cette faute, il y a, pour la réprimer, toute une gamme de mesures disciplinaires, dont la rigueur ne laisse rien à désirer.

Reste la déférence et le respect, dont l'inférieur ne doit jamais se départir. Mais, ils s'appliquent à la personne du supérieur, non à ses idées. On peut différer d'avis avec la personne qu'on respecte le plus, et soutenir sa propre opinion, sans manquer à la déférence qu'on peut lui devoir. Tant que la discussion, si elle s'établit, reste sur le terrain des principes, la discipline n'a rien à y voir.

On dira que la discussion peut dévier et

amener des questions personnelles. C'est possible, mais improbable. Les hommes qui occupent des positions officielles, savent ce qu'ils doivent à leur situation, et que leurs arguments ne pourraient que perdre à cette déviation. Dans les autres hiérarchies, où existe la faculté d'écrire, il n'a jamais paru qu'elle entraînât aucun désordre. Dans l'armée, il y a moins de danger qu'ailleurs que les bornes soient dépassées, à cause de la sévérité des moyens de répression. Il n'en faut pas beaucoup, pour qu'un terme, insuffisamment mesuré, soit qualifié d'outrage à un supérieur, et on sait ce qu'il en coûte.

Quant à la faculté de soumettre un travail à l'appréciation de ses supérieurs, le résultat est connu : les supérieurs apprécient, invariablement, que si les idées, à eux soumises, ne sont pas conformes aux leurs, il y a lieu de refuser l'autorisation et de rayer l'auteur du tableau d'avancement.

Il n'est donc pas naturel qu'on supprime, même aux militaires, un droit qui ne peut donner lieu qu'à des fautes improbables, prévenues elles-mêmes par la certitude d'une rigoureuse répression.

La discipline n'est là qu'un prétexte. L'interdiction d'écrire, à ceux qui pourraient le faire utilement, est un moyen d'obstruction, maintenu avec d'autant plus d'acharnement, que les révélations à craindre sont plus menaçantes, pour les groupes qui tirent profit d'une organisation fausse.

Cela montre que l'intérêt public exige qu'il soit fait pleinement lumière, et que ceux qui en ont souci, doivent, avant tout, la réclamer.

Il y a beaucoup de membres de l'armée, que la situation inquiète, et qui voudraient pousser le cri d'alarme. Les ordres supérieurs les en empêchent, et ils sont trop scrupuleux pour les tourner.

Qu'on leur rende la voix et le pas décisif sera franchi.

Quand chacun est exposé à y aller de sa peau, aussi bien que de son argent, il est nécessaire que l'opinion publique soit éclairée : qu'on lui montre le mauvais emploi qui est fait de l'un et de l'autre ; on peut compter qu'elle ne se bornera pas à des manifestations platoniques.

Elle commencera par faire comprendre aux

représentants du pays, que de vaines déclama-
tions ne doivent pas leur suffire, quand ils
réclament la recherche des responsabilités et la
punition des coupables, à la suite de désastres
comme celui de Madagascar, notoirement dus
à la plus lamentable incurie. En pareil cas,
l'impunité est criminelle : c'est un encouragement à la récidive.

Si les lois existantes ne suffisent pas, qu'on
en fasse d'autres : on n'y met pas tant de fa-
çons dans des cas moins urgents ;

Il faut instituer une Cour spéciale, devant
laquelle sera traduit, pour y justifier de ses
actes, tout chef militaire qui aura conduit une
expédition, même heureuse, et que cette Cour
ne soit pas entièrement composée des collègues
du justiciable ;

Qu'elle soit armée des pouvoirs les plus
étendus, et qu'elle puisse frapper l'impéritie,
qui n'est ni un crime ni un délit, mais qui n'est
pas moins coupable, parce que nul n'est tenu
d'accepter de hautes fonctions, s'il ne se sent
pas capable de les remplir ;

Que cette Cour ait pouvoir de rechercher, et,
s'il y a lieu, de frapper des peines les plus

sévères, les auteurs des mesures d'organisation et de préparation, reconnues défectueuses ;

Que la procédure y soit toujours publique :
quand la guerre est finie, il n'y a plus de secrets
militaires ; pas plus qu'il n'y en avait auparavant ; tant pis pour ceux qui se trouveront
compromis.

La conscience publique ne peut pas être
satisfaite à moins : encore, si le vieux Carnot
revenait de ce monde, il nous accuserait de
modérantisme.

Voilà ce que le vrai patriotisme demande, et
ce que doivent réclamer tous les hommes soucieux de la sécurité et de la puissance du pays.

Notre voix sera-t-elle entendue ?

Peut-être.

J'ai fait voir comment, la désorganisation
politique, ayant rendu l'armée véritable maîtresse de la situation, les gens au pouvoir ne
s'y maintenaient qu'à condition de se concilier,
par tous les moyens, la bienveillance des chefs
militaires. Ceux de l'opposition, par motif ana-
logue, sont obligés de surenchérir, par flat-
teries et promesses. De sorte que les uns et les
autres ne sont d'accord que pour rivaliser

d'admiration devant les illustres chefs de notre incomparable armée.

Que, dans ces conditions, un homme indépendant vienne à donner la note discordante, il est assuré d'avoir contre lui les politiciens et les journalistes de toutes nuances : il ferait une folie, en essayant de lutter seul contre une pareille coalition.

Si j'avais publié, il y a dix ans, le présent ouvrage, malgré mon attention de ne citer que des noms entrés dans le domaine de l'histoire, et de ne raisonner que sur des faits de notoriété incontestable, on aurait vite trouvé, dans l'arsenal des justes lois, de quoi mettre le gêneur hors d'état de nuire.

Aujourd'hui, il n'en serait plus de même.

Depuis dix ans, le parti qui s'intitule socialiste a considérablement progressé. Il marche, aussi, bien entendu, à la conquête de l'assiette au beurre, mais, au lieu de chercher son appui chez les chefs militaires, il s'adresse à l'armée elle-même, c'est-à-dire aux soldats.

Il faut reconnaître que la classe bourgeoise, qui, jusqu'à présent, a détenu le pouvoir, et ne l'a exercé que pour donner satisfaction à ses appétits, a fait aux socialistes la partie belle.

Non contente de s'attribuer tous les grades, elle a encore trouvé moyen de s'affranchir, par les dispenses, de la plus grande partie des charges militaires.

Lisez la loi sur le recrutement, examinez la longue nomenclature des dispenses, et vous verrez que toutes, ou à peu près, sont accordées comme récompenses à l'éducation bourgeoise, dont l'homme du peuple est nécessairement privé.

On ne conçoit, comme légitime, la dispense de tout ou partie du service militaire que si elle est concédée au soutien de famille. Le fils unique de la veuve, lui-même, est dispensé abusivement, s'il ne satisfait à cette condition. Quant à la prétendue nécessité d'encourager les professions, dites libérales, c'est l'aveu, peu déguisé, du privilège. Toutes ces professions sont tellement encombrées, que le nombre excessif des gens qui s'y jettent en est devenu un danger public. Bien loin d'en faciliter l'accès, il faudrait plutôt des mesures d'exception, pour en éloigner les aspirants.

Ceux qui n'ont pu obtenir la dispense, ont la

ressource des congés, ou de la réforme temporaire. Ou bien, ils se font admettre dans la nombreuse phalange des gratte-papiers.

On comprend donc que le parti socialiste ait beau jeu pour représenter, aux non privilégiés, comme quoi ils sont sacrifiés aux convenances de la caste supérieure, laquelle n'a même pas l'excuse de faire bon emploi de leur temps, de leur santé et de leur vie.

Et comment ce parti a été conduit à rechercher et à mettre en évidence les fai ts qui peuvent établir les vices de l'organisation militaire, et les fautes de l'administration et du commandement.

Il n'y a pas lieu d'examiner ici quelles sont les chances du parti socialiste d'arriver ainsi au pouvoir, ni quelles seraient les conséquences de son succès.

En attendant, son intervention a eu pour résultat de rompre l'accord tacite pour laisser les affaires militaires en dehors des polémiques, et, sur ces questions, d'opposer politiciens à politiciens et journalistes à journalistes.

De sorte qu'il n'est plus possible, aujourd'hui, d'étouffer, au préalable, les discussions de cette nature ;

Et qu'il est devenu loisible d'y intervenir, même aux hommes étrangers à tout intérêt politique ou corporatif.

J'oserai dire que cette intervention est utile et nécessaire.

Tous les Français ne sont pas des politiciens ou des journalistes ; il en reste quelques uns, capables de réflexion, indifférents aux compétitions de groupes et de partis, qui voudraient être assurés, que les immenses sacrifices, consentis pour faire une armée, n'ont pas été inutiles, et que le résultat en est de nature à inspirer confiance.

Ceux-ci, que j'appellerais les patriotes, si le terme avait encore son ancienne signification, ont le droit d'être éclairés.

Ils ont vu que, à la veille d'un conflit avec l'Allemagne, il s'était subitement découvert que pas une de nos forteresses n'était capable d'une défense sérieuse ;

Ils ont su qu'au moment de Fachoda, aucun de nos ports de guerre ne se trouvait en état de défense ;

Ils ont vu qu'aucune expédition n'avait pu être organisée, pour les pays lointains, sans que fussent mis en évidence, les effets de la plus lamentable incurie ;

Ils ont vu le ministre de Freycinet contraint d'avouer, à la tribune, que les secrets de la défense nationale n'étaient que des secrets de Polichinelle, et rester muet quand on lui demandait pourquoi, alors, on les maintenait avec tant de rigueur ;

Ils ont vu que ces inexplicables mystères n'avaient qu'incomplètement réussi à étouffer d'immenses scandales militaires, administratifs et judiciaires.

Et ils en ont conçu de légitimes inquiétudes, que ne parviennent plus à dissiper les ritournelles connues des thuriféraires de profession.

FIN

TABLE DES CHAPITRES

EMILE COLIN, IMPRIMERIE DE LAGNY (S.-ET-M.)